我在動物孤兒院，看見愛

犀牛、樹懶、棕熊、亞洲象
台灣黑熊、石虎，愛的庇護所紀實

白心儀 著

目錄

第二章　哥斯大黎加：樹懶孤兒院

第三章　俄羅斯：棕熊孤兒院

第四章 斯里蘭卡：大象孤兒院

第五章 台灣：黑熊與石虎孤兒院

南非｜犀牛孤兒院

目前在南非，平均每天有四頭犀牛慘死在盜獵者刀下。如果獵殺犀牛的行為沒有遏止，這個重達三千公斤的古老巨獸，最快在二〇二六年，將面臨滅絕的命運。

犀牛孤兒院創辦人佩特羅內爾。二〇一一年她搭建起犀牛孤兒院。這處地點隱密的庇護所，目前收容超過五十頭小犀牛。

餵食犀牛寶寶的過程如同拔河比賽，犀牛寶寶的力量奇大無比，稍微鬆手，牠會連人帶瓶把你拉過去。前後不到三十秒，巨無霸寶寶就吸空了奶瓶。

正當我和院長聊得起勁時，超過兩百公斤的巨無霸寶寶「查克」突然從我的背後撞過來……。沒想到這一撞，竟意外撞出《地球的孤兒》節目。

哥斯大黎加｜樹懶孤兒院

誤入鐵絲網，野狗攻擊，高壓電線電擊，是樹懶送進孤兒院救傷安置的三大主因。在哥斯大黎加，許多原始林地都被剷平，樹懶遭遇前所未有的生存挑戰。

當其他的古生物滅絕消失，拒絕進化的樹懶，卻用最慢的步調存活下來。人類是否能多付出一點耐心，多留出一些空間，讓這一張微笑的臉，繼續牽動地球的心跳？

孤兒院院長萊斯利。因意外收容了一隻出生一星期的樹懶寶寶，那張微笑的小臉徹底融化她的心，讓她心甘情願從此投入全部心力，守護樹懶。

二趾樹懶一生中有百分之九十的時間都是倒吊著，志工會把攀爬繩索綁在搖椅，模擬樹枝隨風搖晃，訓練小樹懶倒吊技能。

微笑，是樹懶唯一的表情，因為牠們臉部沒有足夠的肌肉可以變化表情，所以即使生氣悲傷，牠們也是笑笑的。生氣悲傷也要保持微笑？或許這樣的精神正是我該靜心學習的。

樹懶每一個動作，等同人類放慢十到十五倍的速度。拍攝時，除了等待還是等待。

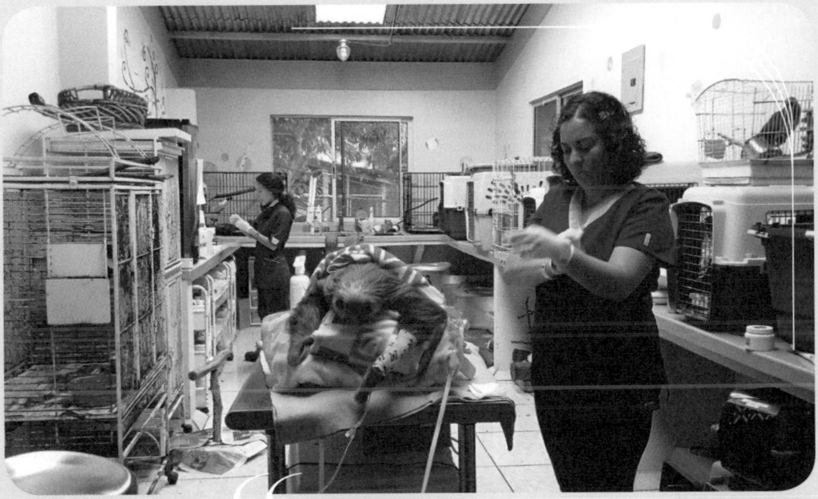

被高壓電灼傷的樹懶，被救下來時掛在電線桿超過三天，獸醫進行緊急搶救。

在哥斯大黎加的住宿，考驗著我們忍耐的極限。民宿沒有電梯，每天得扛著攝影器材上上下下地爬，更難受的是四十多度的高溫，房間裡沒有冷氣！

俄羅斯｜**棕熊孤兒院**

二〇一一年以前，俄羅斯的獵人可以合法把棕熊從冬眠的洞穴挖出來獵殺！當母熊遭殺，幼熊就被隨意丟棄。幸運獲救的，就會送到棕熊孤兒院照養。

一九八五年，西伯利亞的生物學家瓦倫丁．帕基特諾夫搭建棕熊孤兒院，救援失去母親的棕熊寶寶。現在一家三代全部投入在照護工作，已經成功野放超過二百五十頭小棕熊。

棕熊孤兒院位於俄羅斯西北方一座森林小村，我們深入白雪覆蓋的原始林地，終於抵達。家族第二代的卡蒂雅早已站在路口等候我們。

小熊真的太可愛了，但我忍住想抱想摸的衝動，因為熊寶寶不是寵物不是玩具。避免熟悉人類的聲音和氣味，是小熊自保的第一堂課。

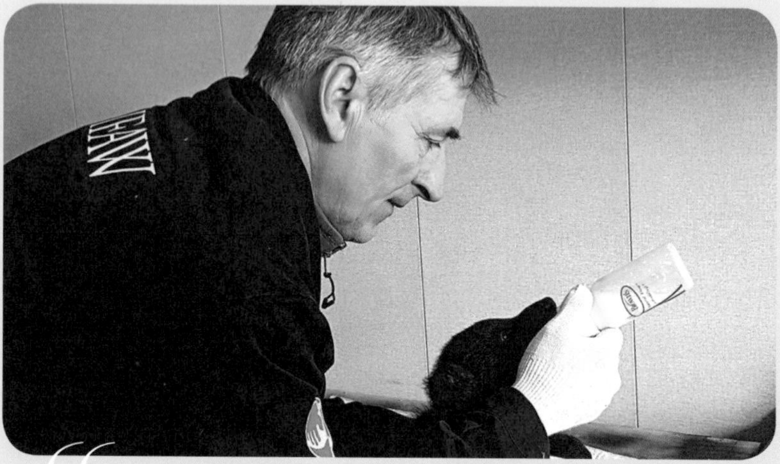

保持絕對安靜是照護棕熊的基本守則。為了讓小熊與人類的接觸越少越好，餵小熊喝奶時得穿上防護衣，戴手套，不出聲不交談，只用手勢溝通。

俄羅斯的嚴冬感覺比南極還冷。森林裡的氣溫多半低於零下二十度，連攝影機也受不了，電池結了厚厚的冰。攝影師拍沒幾分鐘，指頭都沒感覺了。

被封為世界棕熊之父的瓦倫丁已經高齡八十四歲。我帶台灣黑熊布偶送給教授當見面禮。八十多歲的老教授像孩子看到新玩具，張大眼睛笑開了嘴。

參觀第三階段的安置場時，兩個攝影擠在雪上摩托車後座，我則抱著攝影機和腳架，縮在由摩托車拖拉的雪盆內。

公路兩旁的棕熊標本攤，有各種動作表情、或站或坐的棕熊標本，供顧客選購。

雖說在俄羅斯，販賣熊皮製品全屬合法，看到這個景象，我仍禁不住悲傷，因為保育的速度，永遠追不上破壞的速度啊！

推薦序

白心儀的大地孤雛

陳浩／新聞人．媒體顧問

又注意到白心儀的動物報導，是一天在臉書上看到一則長頸鹿流淚的畫面，東非肯亞的國家公園裡，一頭五公尺高的長頸鹿擋在車前求救，畫面上牠的脖子被鋼索勒纏，眼淚直流。

那是一個讓人震驚更不忍的畫面，記者白心儀通報巡邏員，帶著獸醫到處搜尋的巡邏隊，找了一個星期才救到這頭長頸鹿，該則報導經由超級傳播的臉書驚動了國際媒體，長頸鹿被盜獵濫殺的現象也引起世界關切。國際報導特別註明這則新聞的報導者是台灣東森電視台《地球的孤兒》節目主持人。

雖然是偶然捕捉到的畫面與事件，讓台灣的報導與世界連結，但背後卻是一位台灣記者數年不懈對地球瀕危動物的報導努力，她沒有西方動物節目的雄厚資源，卻一人兩槍（兩位攝影夥伴），獨自張羅經費，走南闖北、酷熱極寒：「我們每天早上像苦行軍，揹著裝備，全身爆汗，衣服都可以扭出水來，地獄應該就這麼熱吧！但這個紀錄很快就被打破。南美巴西的潘塔納爾濕地，比哥斯大黎加雨林更熱！平均四十六度，正午飆升至四十八度！我們搭乘無遮蔽的小船，穿梭在濕地流域，每天曝曬超過十二小時追美洲豹，還得忍受馬蠅的圍攻，那才真的是地獄。」

「下一站，我們轉往零下三十度的冰凍森林，溫差高達七十度……白雪覆蓋窩瓦河源頭顛簸難行的棕熊孤兒院。」

剛進電視台我就認識白心儀，除了一雙發亮的眼睛，怯生生嬌滴滴的樣子，我很難想像這些冒險犯難的傳奇動物報導，是她一手完成。其實，電視記者太容易被幹成一種永遠帶著虛假表情的行業，語言輕重失衡，為世事輕描浮誇情緒，很少有人能走出一條內裡帶點硬核的路。白心儀的《地球的孤兒》系列報導引起了我的注意。

《地球的孤兒》是一個優越的電視節目，但電視必須要有畫面，才能說好故事。追求畫面，就必須到現場第一線，拍攝瀕危動物，談何容易？

天涯海角，你必須先抵達，抵達「地獄」之後，你必須先等待。以樹懶來說，牠的每一個動作，是人類放慢十到十五倍的速度。牠一天消耗的熱量只有一百四十卡，超過就會致命，慢是牠的存活方式。研究團隊發現一直慢慢爬下樹排泄的樹懶，記者就得抓著沉重的器材飛奔，趕到現場又得花很長時間拍攝這隻極慢的生物被採集檢體、挑寄生蟲。

半夜接獲大雪山森林樣區有黑熊啟動陷阱的消息，就得集結入山、瘋狂趕路。要跟上研究團隊疾行的腳程，在濕滑陡峭的山區步步搏命，拍攝完黑熊捕捉繫放，黑夜裡再戴著照明頭燈攀岩滾爬著下山，一身是傷。拍攝石虎比拍黑熊還難，接觸到的石虎非死即傷。

拍攝犀牛大象北極熊、巨獺鯨豚美洲豹各種瀕危動物，「鏡頭不能眨眼」，但是鏡頭裡外，筆下都是傷心故事。

她拍冰雪裡的棕熊，看到被遺棄的幼熊「自己少女心大噴發，這是泰迪熊啊，活生生、毛茸茸的，太可愛了。」但是，不能去抱，「幼熊一定要害怕人類，要保持完全野性。棕熊是非常社交的動物，如果牠們和人類太過親近，就不會害怕人類，這將危及牠們的生命。」

棕熊面臨人類大量的捕殺，正從十七個國家滅絕，在俄羅斯境內高速公路兩側，就都是一攤一攤的棕熊標本攤，輕易可以買到整張熊皮、整頭熊。

商人甚至允許記者盡量拍攝。獵殺與棲地消失不只威脅著棕熊的生存，也威脅著犀牛、樹懶、長頸鹿、大象等幾乎每一種瀕危動物。

「為了讓犀牛活下來，一定要幫犀牛去角。」這是多麼荒謬而沉痛的悖論！盜獵人圍獵犀牛，「用斧頭砍斷犀牛的脊椎讓牠其癱瘓在地，接著連根拔起犀牛角。屠殺取角的過程，犀牛意識清醒，眼睜睜的看著、感覺著自己的臉面，連皮帶肉，被挖開一個大洞。被凌遲的犀牛通常還能存活一天，然後緩慢地、痛苦地失血而死。」被送到犀牛孤兒院的犀牛寶寶，左眼也幾乎被砍瞎，在圍欄內不停地轉圈圈，害怕焦慮，身心受創。懷「角」其罪，為了保護牠們，只好先為劫後餘生的犀牛「合法去角」！

白心儀走遍世界報導的每座「地球孤兒院」，裡面每一個動物孤兒，都是因為人類的殘酷造成，每一座孤兒院都是傷心處，每一個傷心處都有傷心人，但是傷心人不以傷心為終點，而以勇氣與承擔為起點，救傷圖存，要讓孤兒重新站起來，重新走回去森林荒野棲息地，活著。這些好心人美麗而強悍，犀牛庇護所的女主人公開向盜獵者宣戰，悉心照料一個個受傷的小犀牛；樹懶收容所的褓姆志工，多半是來自世界各國的生物專家、動物專家和獸醫師，他們從鐵絲網上救下小小樹懶，為的是將來讓小生命回到森林，重新野放。冰雪世界裡的帕基特諾夫家族，從獵熊家族變成救熊家族，被封為「棕熊之父」的瓦倫丁已經傳承到了第三代的瓦西里，他拿到了生物學位，森林召喚他的靈魂，要他傳播「把大自然留給下一代」的訊息。

斯里蘭卡工作象收容中心的許多故事都令人動容，最難忘是記者捲起衣袖褲管學習幫大象刷背之後報導了大象與象伕終老一生的故事。一個象伕一輩子就和一頭象一起生活，除非一方先死，絕不輕易離開對方。這故事有許多細節令人難以置信，工作象一生面對沉重的工作，到老不能休，但象伕像老朋友像情人一般懂得大象，他們之間的感情如此深厚，生死以之，如此絕望！

台灣本土的黑熊與石虎，又都是看不到太多的希望，憂鬱自殘的斷掌黑熊，鏡頭捕捉到牠的低吼與眼淚，捕獵的獸鋏使台灣山林變成黑熊的煉獄。石虎的保育更是艱難，但白心儀的鏡頭不只找到了黑熊與石虎，更是緊緊追隨著黑熊媽媽黃美秀與石虎媽媽陳美汀、石虎姊姊林育秀及更多投入心力的志工，翻山越嶺，台灣的本土保育有太多驚心動魄的堅持不懈！

大地孤雛，生靈瀕危。這是一本傷心的真實故事書，也是一個個關於覺醒的故事；有多少殺害的故事，就有更多的黑暗之心，人類的殘酷、自私、無知、自毀家園，沒有盡頭；除非一些屬於極少數的勇敢的人的努力，能被更多人看見、感動、認同、分享，因而喚醒人心。所以，這也是一本愛與修復的書，帶你看見殘肢傷痕，也帶你看見不忍與獻身。

《我在動物孤兒院，看見愛》是一位勇敢而執著的女記者，與她的攝影隊伍，帶來的一個個在絕望中不放棄希望的救傷與保護的故事，也帶我們看到了那些窮盡一切努力的無名英雄。一個電視記者能將她的電視故事，化為一篇一篇飽滿熱情又有豐沛文采的文字，讓讀者在視覺的衝擊下，也能沉吟拳拳文心，在今日新聞界實屬珠玉之作。

推薦序

世界的孤兒，需要妳！

陳文茜／《文茜的世界周報》主持人

二十年前，白心儀是TVBS記者，到我家採訪我的狗孩子們。她自己非常喜愛動物，尤其博美犬，一個曾經跟她一起長大的玩伴。採訪時當時我已經四十五歲，還在水深火熱的政治圈，她才二十初頭，剛剛進入電視圈子。

當時的我們都那麼天真，以為世界可以被我們改變的好一點點，只要我們盡一份心力。

第一次採訪我時，我的第一代孩子們正處衰老狀態……第二代孩子已隆重登場，平均才一至兩歲，而且全是無法無天、狗各有志的孩子：惟一例外是我收養的一隻秀氣流浪狗，憂鬱的特質，我為他命名：蕭邦。

之後我逃出了政治，但仍陪同李敖大哥登記參選立法委員。登記當天，我特別帶著李大哥送我的「小博美犬：李敖大哥大」助陣，結果那天吾家小犬「大哥大在中選會」一直轉圈圈，表情可愛至極，當然吸睛，搶盡風頭。

不巧那天TVBS派出的記者又是白心儀，她把李敖的參選新聞焦點完全放在我宣布搞笑的總幹事「李敖大哥大」身上，新聞畫面七〇%全是狗，其他有一點李敖，還有總幹事的媽：陳文茜。

李敖大哥居然頗為介意，我笑他：你這樣一個了不起的歷史人物，怎麼跟一個不到兩公斤的小狗計較呢？他聽完了，瞪我一眼，接著哈哈大笑，請客，吃飯去！

其實那時候的我，早已不再年輕，步入了中年，但說起話來，還是肆無忌彈。青春沒了，心情卻幼稚的很。

又一個十七年過去了，李大哥兩年前走了。

二十年前白心儀到我家採訪的孩子，Baby Buddha、南禪寺、成吉思汗、Smokey、李敖大哥大，蕭邦、Bakery……皆相繼走了。

他們走了，象徵我的中年人生、以及還殘存的少女心，全都走了。

如今我又邁入另一個人生階段，家裡七個孩子，有些時候還在外面例如台大動物醫院認養短尾白，直到她往生。這兩年和王妹，一起照顧Lala。

經歷那麼多孩子的失去、死亡，我告訴心儀：我現在擔心的不是他們又走了，我心情上受不了：而是有一天，我病倒了，不能照顧他們到最後。

我寧可痛的是自己，而不是他們。

我走了，留下他們，沒有了媽媽，沒有了家，一家子兄弟姊妹被拆散各處，重新適應新主人。

那才是我最大的不捨。

這第三批孩子，「當我老了」回家，總是熱鬧非凡，每天都像在開派對，我壓根忘了自己流年逝水，反而可以體會那種老人家「兒孩滿堂」的喜悅。

和過去不同，這一回，我是和著第三批孩子，一起走向生命終點。他們現在的幼稚、活潑，讓我忘了自己的身體狀況及年齡，我毫無恐懼感地和他們一起「再長大」。

等他們老時，我也老了。

但這給了我很大的毅力，逼自己堅強、運動，至少得活到七十八—八〇歲。好好照顧他們到最後。

有人崇尚孤獨，也相信孤獨才能找到自我。

我可不！

生命稍縱即逝，我是歡樂派，我要和孩子們「牽手」，幸福地一路走到底。

心儀和我一樣喜歡動物，但選擇了不一樣的道路。二〇一九年，她以視為終生志業的《地球的孤兒》入圍金鐘獎，卻因故被撤銷入圍資格，我在她臉書寫下：

「心儀，這不是你最黑暗的一天。這是學習自我肯定的一天。

記得那些你們拍攝的地球孤兒，你們是世界上少數與他們相伴相依的朋友。

這才是妳製作節目的意義。

金鐘獎只是一個紀錄，不是全部。

不要氣餒。

你會因此更強大。

為妳鼓掌。
愛，才是永不褪色的紅地毯。
妳已走在其上，請堅持下去，走完它。
世界的孤兒，需要妳！」

感動推薦

一口氣看完這本書，眼眶紅了很久。主播台裡看似正常的心儀，卻是個離奇的拚命三娘，二〇一六年開始帶著單薄的攝製團隊遠赴七大洲，挑戰身心靈的極限，只為了善盡專業媒體人的責任，告訴我們：造成這些動物孤兒的不幸是人類，卻也只有人類的愛與理解能扭轉這些悲劇。

——吳金黛／風潮音樂總監

二〇一八年，在看過心儀在電視上播出的《大象孤兒院》報導後，我帶著十多個親子家庭前往斯里蘭卡千禧大象基金會訪問。在這個收容中心裡人與象互助相依的動人場景，深深的烙印在我們心中。認識心儀之後才知道，這只是她記錄報導全球動物孤兒院宏大計畫中的一小部分；在她的一言一行之中，我可以感受到她對動物誠摯的愛。這本書正是心儀多年走遍世界的第一手觀察與心路歷程，希望你和我一樣，透過她詳盡的紀錄以及真切動人的撰述，了解野生動物們面臨的困境，並加入守護牠們的行列。

——黃一峯／四屆金鼎獎科普作家．生態教育工作者

凡事都有個機緣，我撿到台灣黑熊黑盒子，心儀則是被犀牛撞了，於是一頭栽進了乏人問津的瀕危物種探險旅途。在製作《地球的孤兒》自然紀實片過程中，我們見識到紀錄團隊的無懼堅持和細膩巧思，以及獨特的台灣觸角。這些可愛的動物孤兒原本諷刺地控訴著人類之惡，但孤兒院和保育研究人員的努力卻也讓我們看見了「希望」。希望這本書能夠啟發人間更多的善

和美，讓地球的孤兒越來越少。

——黃美秀／黑熊媽媽．台灣黑熊保育協會理事長

記得第一次看到《地球的孤兒》就被節目的內容和深度所吸引，後來心儀開始報導台灣黑熊和石虎的現況和困境，我們就深深感受到她發自內心對野生動物的愛與關懷。欣見心儀將這些拍攝的經歷轉化為文字，我才發現原來這來自大地的一撞，激發出無比的力量。也讓我想起多年前在加羅湖地區進行苔蘚調查，在大雨中行走在密林下，一陣地搖灑落滿樹的水滴，刷的一聲打在身上，那種震撼，以及心靈的洗滌，和心儀的文章一樣，令人低迴不已。

——楊嘉棟／行政院農委會特有生物研究保育中心主任

這不是一本看了會讓你舒服的書，但卻是一本你絕對需要看的書。

我們自稱為萬物之靈，卻遠不如書中的動物有靈性。我們仗著文明優勢，踐踏著自己的家園、殘殺剝削與我們共存的各種生物。我們需要白心儀這樣的記者，無畏地將鏡頭指向偏遠黑暗的角落，讓我們看見人類的惡行。

現在有了這本書，你可以從她的文字中更深刻地感受。希望你感受後憤慨、憤慨而知行，讓我們用行動來拯救自己的地球，以及這些地球的孤兒，就從這本書開始！

——劉軒／作家・講師・積極心理學推廣者

（按姓氏筆劃序排列）

寫在前言

「我被犀牛撞了！」

當被問起，製作《地球的孤兒》的起心動念，我總這樣回答。

《地球的孤兒》是台灣第一個以「全球瀕危物種」為主題的自然紀實節目。從二〇一六年十一月至今，節目拍攝足跡遍及世界七大洲，跨越地球南北極。從企鵝到北極熊，從美洲豹到石虎，從台灣的觀點出發，探討人類與野生動物的關係，並深度檢視極端氣候、棲地萎縮、盜獵濫殺和人類的過度消費，已造成百萬種地球生物，逐漸走向滅絕。

但是，製作生態保育節目，很累、很遠、很貴，收視很低。各種艱鉅挑戰，濃縮起來就是五個字：吃力不討好。所以，我被犀牛撞了，才心甘情願，年復一年，做著吃力不好討的事，且越做越投入。而我確實是被犀牛撞，在南非的犀牛孤兒院，一頭七個月大的犀牛寶寶查克（Zac），偷偷從我背後撞過來。這一撞，撞出我製作《地球的孤兒》的想法。

前往南非拍攝前，我從不知道有「動物孤兒院」這種機構存在。這些失去母親的動物寶寶，如果沒有一處安身之所，幾乎沒有存活的機會。回到台灣，我反覆思量，被犀牛撞的經歷，以及「動物孤兒院」的意義；這些失怙的幼獸，在地球獨活，一如「地球的孤兒」，節目的名稱，也由此而來。

犀牛孤兒院製播完成後，我接著拍攝樹懶孤兒院，大象孤兒院，棕熊孤兒院……這些孤兒院多是私人成立，從院長到義工，人們從療癒動物的過程當中，也療癒了自己。

或許會有這麼一天，動物孤兒院將成為動物最後的庇護所。那麼，人類也該深深自省，造成這一切的，正是人類。

我把這些發生在地球偏遠角落的「動物孤兒院」故事記錄下來，集結成冊。希望這些珍貴經歷化成文字，能有機會引發更多共鳴，喚起更多保育意識，這也是我身為一個在電視台工作超過二十年的媒體人，想盡到的媒體責任。

二〇二〇年是世界地球日五十週年。我們自問，為這顆美麗的星球，盡力了嗎？

人類需要拯救的，從來不是地球，從來不是動物，而是我們自己。

第一章

南非／犀牛孤兒院

1 不存在地圖的孤兒院

他們遠赴地圖上根本不存在的地方，付出心力和體力擔任犀牛褓姆，只希望能讓這些失去母親的犀牛孤兒，有活下去的機會，有朝一日重回棲地，繁衍族群。

「一起去南非拍犀牛孤兒院吧！」二〇一六年深秋，時任基金會主管的好友淺秋忽然邀約。「犀牛孤兒院！」在電視台工作二十多年，我還真沒聽過拍過「動物孤兒院」這樣的機構，又是在距離台北一萬兩千公里外的南非，怎不心動？「我去！我去！我去！」好友任職的文教基金會長年致力於動物的保育和教育，並且捐款資助南非的犀牛孤兒，這是首度邀請媒體隨行拜訪。

申請南非簽證不是一件容易的事，需要檢附大批文件、財力證明，以及黃熱病疫苗接種證明，也就是俗稱的黃皮書。我第一次注射黃熱病疫苗是在二〇〇五年，當時施打的「保固期」是十年，所以我等於已經「過期」一年，必須再施打一次，但這次打完就是「永久保固」，因為二〇一六年七月十一日起，台灣與國際同步，將黃熱病疫苗的有效期限改為終生有效。當天早上，我打完針立刻返回公司繼續上班，接種者多半會出現的肌肉疼痛、輕微發燒，我全然無感，就像出發前兩天要開始吃、一連吃二十天的預防瘧疾藥錠「阿托奎酮」，許多人會產生頭暈噁心的副作用，我同樣沒有任何不良反應。

說起來，我個人體質和特質還滿適合媒體行業的，我不暈車不暈機不暈船，耐冷耐熱耐重耐操，體力好腸胃好，忙起來不吃不喝不睡不上廁所也無所謂，所以工作夥伴沒人把我當女人看待，更多時候，我比男人還男人。

第一次踏上非洲，是十五年前隨醫療團前往肯亞貧民區記錄義診。當時，黑暗大地確實黑暗，肯亞街道的路樹頂端，停滿巨大禿鷹的駭人景象，至今回想依舊全身發毛，但都沒這次聽到將從約翰尼斯堡入境開車來得驚嚇。「全世界治安最差的城市」、「車門隨時會被拉開，把人拖下車搶劫」……久聞約翰尼斯堡的惡名昭彰。我們下機後火速上車，司機立刻把車門全部鎖起來，中途也不敢放我們下車拍攝。領隊說，我們攜帶大批攝影器材太過招搖醒目，所以我們只能隔著車窗，走馬看花這座「萬惡城市」（Sin City）。

南非、普馬蘭加省、某片山林。

聯絡人提供的資訊再精簡不過。沒有地標沒有路名沒有門牌，Google、GPS也查不到位置。於是，我們就像間諜電影情節，在某處會合，確認身分，跟車，大路變小路變沒路，管制口檢查，轉乘接駁車……只差沒用黑布把眼睛蒙起來。離開台灣以後將近十五個小時的飛行（不含轉機），四個小時的車程，前後加一加，將近一天的時間才抵達隱藏在樹林深處的犀牛孤兒院。有點時差有點恍神，但是這樣的路途其實不算太累，轉機也不複雜。這幾年拍攝節目，空中地面的交通時間從沒少於二十四小時：二〇一九年到南美洲巴西潘塔納爾濕地搭機三十四個小時，落地再搭車七個小時，再轉乘小船，才能尋見美洲豹的蹤跡；南極更不用說了，二〇一七年我們搭機三十五個小時飛至阿根廷「世界的盡頭」烏斯懷亞搭乘破冰船，登船後航行兩天，穿越地球上最危險的南冰洋航道：德瑞克海峽（Drake Passage），才能登陸南極大陸。紀錄一次又一次被刷新。

• • •

接駁吉普車駛入犀牛孤兒院門口，院長佩特羅內爾（Petronel Nieuwoud）親自迎接來自台灣的電視台拍攝團隊。「我們不是故意搞神秘，我們必須躲開盜獵者的耳目。」佩特羅內爾歉然微笑。她真是一個美麗的女人！溫柔金髮，清湛碧眼，就連南非口音的英文都很感性。佩特羅內爾擔任南非瀕危物種保育警察超過二十年，與盜獵者交手也超過二十年，「他們邪惡到你無法想像。」一九九九年，佩特羅內爾退下隊長職務成立野生動物研究學校，接著在二〇一一年買了一塊地，搭建犀牛孤兒院。「犀牛盜獵實在太嚴重了。」目前在南非，平均每天有四頭犀牛慘死在盜獵者刀下，「我必須做點什麼。」所以這個美麗卻強悍的女人，公開向盜獵者宣戰。

這處地點隱密的庇護所，目前收容超過五十頭小犀牛。為了防止盜獵者入侵，院區四周布滿一萬伏特的電網、二十四小時駐守的崗哨，以及嚴格訓練的獵犬隊；此外，荷槍實彈的巡邏隊員多是退役軍人。佩特羅內爾提醒我們，拍攝的時候盡量避開隊員的臉，以免他們被辨識出來，遭盜獵者盯上。對於自身安危，空降特戰部隊出身的隊長倒不以為意，他很清楚這份工作的危險和風險，他說：「任何地點都有危險，任何行業都有風險，不只是保護犀牛。我希望我的孫子，未來還有機會看到犀牛。」

小犀牛每天要喝十公斤的奶粉，一直到十八個月斷奶為止，再加上十二公斤的牧草、苜蓿芽、營養補充品等等，成天吃個不停，食量驚人；此外，犀牛天性容易焦慮緊張，消化不好的、拉肚子的、胃潰瘍的，都需要藥品特別調理。孤兒院的終極目標，是小犀牛年滿六歲的時候，野放森林，但是復健狀況不好的犀牛，照養時間需要更久，而嚴重傷殘無法野放的犀牛，還有可能在孤兒院終老。林林總總的開銷，佩特羅內爾的負擔相當沉重。雖已是全球規模最大的犀牛收容中心，但孤兒院不是營利機構，經費幾乎全來自捐款募款，運作也多半仰賴志工。

犀牛寶寶的照顧，是一項人力密集的工作：餵奶餵食、打掃住所、協助復健……沒有龐大的志工群，佩特羅內爾怎忙得過來。孤兒院的志工來自世界各國、各行各業。他們自掏腰包，遠赴地圖上根本不存在的地方，付出心力和體力擔任犀牛褓姆，全因認同佩特羅內爾的理念，更重要的，是希望能讓這些失去母親的犀牛孤兒，有活下去的機會，有朝一日重回棲地，繁衍族群。

• • •

我們住在志工的木造宿舍。每棟木屋全是架高的，避免雨季大水淹入屋內，屋子底下，常有動物跑來跑去，人員進出都得留心多看幾眼，避免不期相遇，彼此尷尬。房間簡單得不能再簡單，兩張上下床鋪，浴室小到難以轉身，熱水全靠柴燒得來不易，戰鬥澡時間越短越好。院區使用太陽能供電，吹風機這類耗電的電器一律禁止使用，所以拍攝期間，我總是一頭亂髮，紮著馬尾入鏡。

一次，攝影機被突然降下的大雨打濕當機，實在無計可施，只能哀求佩特羅內爾破例讓我們用吹風機吹乾機器，否則接下來幾天恐怕無法繼續拍攝了。沒想到，吹風機開機沒多久，整區的電力都用完了，四周陷入一片漆黑。

除了用電量，孤兒院的食物也都經過精算，避免吃不完浪費。幾樣特別受歡迎的食物，想吃，每個人得各憑本事，例如炒蛋，每次一端出來總是瞬間秒殺，還有香蕉，同樣秒殺。一次，我早餐搶到香蕉，特別把它藏起來，埋在食物籃的最底部，上面刻意用其他冷門水果遮蓋，準備晚餐出土慢慢享用。結果，私埋的香蕉還是被其他人發現，挖出來吃掉了。

那些限水限電，沒有電視電腦，無法滑手機的日子，晚飯後，我們在宿舍陽台席地而坐，凝望南半球的星空，發傻，閒聊，吹風，晾頭髮。這樣的無所事事漫無目的，對一個吝嗇時間的媒體人來說，是最放縱的揮霍，最可恥的幸福。

2

身心受創的犀牛寶寶

相較於現在搶奶瓶的精力旺盛，犀牛寶寶剛被送進孤兒院的時候，多半驚嚇過度，封閉沉默，因為每一頭小犀牛，都親眼目睹自己的母親慘死的悲劇。

清晨六點，志工們開始準備餐食。特調奶粉加入維他命、礦物質、蛋白質和葡萄糖，兩公升大的巨無霸奶瓶，非常壯觀。期待早餐的小犀牛，遠遠聽見人聲，情緒躁動不安，發出嗚嗚聲響。志工每次進出犀牛棚舍，手腳必須噴酒精消毒乾淨，「保護動物也保護自己。」佩特羅內爾對環境衛生的維持，要求非常嚴格。

這一天，帶我餵小犀牛的，是孤兒院少數幾名正職員工多羅塔（Dorota Ladosz），大家都叫她Dot（點點），身材嬌小的她確實是個小不點，因為人手短缺，點點經常在院區衝來跑去，像一顆快速穿越的小圓點。餵食之前，點點警告我，手中的奶瓶一定要用力抓緊，因為犀牛寶寶的力量奇大無比！稍微鬆手，牠會連人帶瓶把你拉過去。果然，餵食的過程如同拔河比賽，「你餵完後馬上迅速離開，否則牠們會想喝更多奶，會變得具有侵略性，快點餵完，快點離開！」前後不到三十秒，巨無霸寶寶吸空奶瓶，我費勁拔出奶嘴，姿勢有點狼狽。

相較於現在搶奶瓶的精力旺盛，犀牛寶寶剛被送進孤兒院的時候，可不是這個狀態。牠們多半驚嚇過度，封閉沉默，因為每一頭小犀牛，都親眼目睹自己的母親慘死的悲劇。點點曾經必須二十四小時陪伴一頭受傷受怕的小犀牛魯拉（Lulah），時時擁抱牠、安撫牠、鼓勵牠，如果沒有這樣做，魯拉可能撐不過來。同樣需要被人抱在懷裡才能安睡的是曼袞（Manju）。曼袞左眼上方有一道清晰的刀疤，當時盜獵者正在追殺牠的母親，跟在媽媽身邊喝水的曼袞出生才一週，也連帶被盜獵者的斧頭砍傷，左眼幾乎被砍瞎。起初，曼袞在圍欄內不停轉圈圈，獸醫一度擔心牠是不是傷到了腦？後來才發現，牠轉個不停，不是腦部損傷，而是害怕焦慮。「曼袞能活下來，真是奇蹟啊！」佩特羅內爾輕嘆，她也告訴我另一個奇蹟的故事：羅福（Lofo）。

羅福的背脊慘遭盜獵者砍碎，牠流著血，在森林狂奔好幾天，「盜獵者屠殺牠的母親，連根拔起犀牛角，接著開始揮舞開山刀，試圖砍斷羅福的脊椎，牠逃走了，但是背上兩道傷口非常深，大量的血冒出來！前腳也遭木柴刺穿，我找了五天才找到牠。所以，一開始找不到牠，Lost，後來發現牠，Found，這就是 Lost & Found，Lofo 名字的由來。」佩特羅內爾娓娓道來這個心痛的故事。

羅福的傷口在多次清創之後，遲遲沒有復原，獸醫決定為牠執行「死骨切除手術」，這個空前的犀牛治療手術，由四個獸醫師共同執刀，開刀過程相當順利，羅福的術後恢復也非常良好。在同一段時期，動刀後恢復狀況良好的還有溫特（Wyntir），溫特在媽媽倒下之後，守在旁邊不肯離開，結果被土狼群撕咬攻擊，右耳被咬爛，左耳只剩下〇・二公分，如果沒有及時發現救治，溫特很有可能因為傷口感染死亡，或者喪失聽力。

這些身心受創的犀牛寶寶，被送到孤兒院之後，尚未適應新環境之前，眼睛耳朵都會用軟布矇住，避免驚恐過度傷到自己。新媽媽佩特羅內爾更是寸步不離，呵護這個從死神手中搶過來的脆弱生命。

・・・

在我們拍攝期間，孤兒院裡年紀最小的犀牛，是七個月大的查克

（Zac）。牠真是一個好奇寶寶，佩特羅內爾喚牠小寶貝，與牠的對話也像哄孩子：「這瓶是什麼啊，是給你喝的水啊，來喝水水，小寶貝好乖！」查克看到媽媽來了，開心地轉來轉去。查克剛進到孤兒院的時候，任何人都無法靠近牠，因為牠遭受很大的創傷。「牠只是一個小寶寶，發生在牠身上的，完全不是牠想要的。牠從來就不想被送來這裡、困在這裡。這些都不該發生在牠身上，」佩特羅內爾心疼犀牛孤兒的遭遇，「牠應該跟媽媽一起生活，跟犀牛媽媽，不是人類媽媽，雖然很多時候，你希望自己可以成為牠媽媽，但這是不可能的。」

「你摸過犀牛嗎？」佩特羅內爾突然問，而我還陷在她剛才那番語重心長的嘆息，一時間無法回神，「從沒摸過！」雖然查克算是「寶寶」，但是這個超過兩百公斤的巨無霸寶寶，堅實的厚皮像盔甲武士，實在教人不敢親近。或許陌生的氣味讓查克覺得新奇，牠慢慢湊過來，左聞右聞，接著開始嚼起我的褲管，我趕忙跳開，鑽到佩特羅內爾的背後閃躲，「你讓牠嚼一下嘛，牠喜歡你。」「我也喜歡你，但是我不喜歡被嚼。」我怯生生地摸了查克的頭，試著與牠溝通。嚼過了客人的褲子，好奇寶寶轉進角落邊觀察，志工為牠特製的玩具球，牠踢了幾下就興味索然。

「我們的犀牛庇護所救援的動物，有被遺棄的、失去母親的，我們醫治牠們，照顧牠們，確認照養的方式是正確的，如此一來，我們才能野放牠們，牠們才能繼續繁衍……。」佩特羅內爾和我面對面坐下來，暢談孤兒院經營的理念。正當我們聊得起勁，查克突然從我的背後撞過來，「我的天啊！」我整個人彈跳起來大聲驚呼，佩特羅內爾笑彎了腰：「你不用跳開啦，我只能說牠真的很喜歡你，希望電視台會播這段出來！」佩特羅內爾知道查克不會傷害我，牠偷襲不是攻擊，只是「善意」提醒，別聊太久，因為牠傍晚散步的時間到了。

事後，許多人問我被犀牛撞的感覺。其實，驚嚇的成分多於疼痛，調皮一撞不礙事，牠也沒有真正出力，真使力的話，我肯定撞飛出去。此外，查克的犀牛角還沒長好，刺刀還未上膛。只可惜，牠這一生可能都無法體會到，臉上長出尖尖的角是什麼神氣的感覺，因為再過幾個月，獸醫師將會為牠去角，防止未來野放到森林的時候，再度成為盜獵者下手的目標。孤兒院裡每頭犀牛，一歲以後必須去角，而且每年至少整修兩次，因為鋸犀牛角就像剪指甲，去除後還會再長。

沒有犀牛角的犀牛，還是犀牛嗎？我很感嘆。「我們也不想這樣做，但是對抗邪惡勢力，只能用邪惡手段。」佩特羅內爾態度堅定地說。「必要的邪惡」（Necessary Evil），竟成為犀牛在血腥叢林生存下來的唯一法則。

屠殺取角過程，犀牛意識清醒，眼睜睜地感覺著自己的臉面被挖開一個大洞。承受極刑凌遲的犀牛通常還能存活一天，然後緩慢地，痛苦地失血而死。

3 邪惡去角與魔鬼盜獵

近十年來，犀牛遭到獵殺的數目，飆升百分之九千。二十世紀初，全球還有五十萬頭犀牛，百年後的今天，只剩下兩萬九千多隻，其中白犀牛占了絕大多數。白犀牛的膚色並不是純白色，所謂的「白」（White），其實是指「寬」（Wide），因為白犀牛的嘴型寬寬方方的。從最初語言上的誤傳，到後來講習慣了，就順勢延用下來。另一個尖嘴品種「黑犀牛」，膚色同樣不是黑的，之所以稱為「黑」，是為了區隔「白」。野生黑犀牛的數量又更稀少了，剩不到兩千五百頭，是國際自然保護聯盟（International Union for Conservation of Nature and Natural Resources, IUCN）的紅色名錄中極度瀕危的物種。

地球上，百分之八十的犀牛集中在南非。全世界最大的犀牛殺戮場，就在南非的克魯格國家公園（Kruger National Park）。十九世紀末劃定的克魯格國家公園是人類史上第一座為了保育野生動物而設立的保護區，現在卻淪為犀牛的墳場。占地是台灣三分之二面積的國家公園，距離南非第一大城約翰尼斯堡有六小時車程，坐落在普馬蘭加省的邊境。普馬蘭加，按照當地的語言，意指太陽升起的地方，而今暗黑的犀牛戰爭，正在血洗太陽升起的土地。

雖然南非政府在國家公園部署特種部隊，派遣直升機在上空巡邏，但是盜獵者割了犀牛角，往東，可逃到莫三比克，往北，可溜進辛巴威，根本抓不勝抓，國家公園的國界形同虛設。「越來越多的警察和軍人進駐，盜獵者還是入侵，我們都不知道他們如何突破防線，他們就是有辦法獲勝。」巡守隊相當沮喪。

盜獵者為了躲過巡邏警衛的耳目，幾乎不開槍，避免製造聲響。他們用斧頭砍斷犀牛的脊椎讓牠癱瘓在地，接著連根拔起犀牛角。屠殺取角過程，犀牛意識清醒，眼睜睜地看著，感覺著自己的臉面，連皮帶肉，被挖開一個大洞。承受極刑凌遲的犀牛通常還能存活一天，然後緩慢地，痛苦地失血而死。

• • •

領得許可證的合法去角，南非政府官員和國家公園代表必須在場監看。

獸醫師為犀牛施打麻醉藥和鎮定劑，並且採集檢體，建立資料庫。鋸下來的犀牛角，全部交給國家公園保管，存放在安全的地方。犀牛角移除的時候，從底部上方八公分鋸斷，避開神經血管。去角的過程前後不到十五分鐘，沒有痛苦也沒有傷口，但是有些犀牛對藥物過敏，如果後續觀察不夠嚴謹仔細，恐怕會有生命危險。

「很不幸地，為了讓牠們活下來，一定要幫犀牛去角。」如今，不單是孤兒院，南非許多動物保護區、野生動物園甚至私人養殖場，也主動為犀牛去角保命，因為這個存在地球五千萬年的古生物，正以滅種的速度集體消失。南非環境部已經提出警告，如果獵殺犀牛的行為沒有遏止，最快在二〇二六年，南非的野生犀牛將面臨滅絕的命運。

「犀牛角的成分基本上跟指甲一模一樣！想吃，你可以啃自己的手指甲或腳趾甲就好了。」說到吃犀牛角，佩特羅內爾滿腔怒火。犀牛角和人類的毛髮指甲一樣，都是由角質蛋白組成，可以再生。她無法理解，這個和指甲成分一樣的東西，竟能讓人類喪失人性，「沒有任何醫療價值存在犀牛角裡面，什麼都沒有，只有迷信，錯誤的迷信。真的很悲哀，人類竟然可以如此自私，如此自我，任意摧毀美麗的物種，只為了短暫的利益，為了錯誤的迷思。」

犀牛角磨成粉，被奉為抗癌解毒的靈丹妙藥。目前，越南是全世界最大的犀牛角消費國，其次是中國。九〇年代，台灣曾經是犀牛角非法交易的主要國家，現在已經站在犀牛保育的最前線，這樣的轉變贏得國際社會的肯定，域外復育的成果更讓世界刮目相看。

早在一九七七年，犀牛角已被禁止在國際間交易，二〇〇九年，南非政府更進一步下達國內買賣的禁令。但是根據南非法律，盜獵犀牛角的刑責，是五年的有期徒刑，以及十萬元南非幣，相當於四萬台幣的罰金。這小小的懲罰，和每公斤六千五百元美金起跳，比純金、毒品都要值錢的走私價格相比，根本無關痛癢。國家公園的巡邏員私下透露：「塞一點錢，賄賂官員的情況常常有，貪污的人很多，有關係就沒關係。」再者，盜獵集團通常是龐大又綿密的國際犯罪組織，單靠南非的執法人員，實在難以應對，因為這不是竊盜，而是戰爭。

「我認為罰則應該更嚴厲，盜獵者應該被罰得更重，國家需要制定專法嚴懲，但是，盜獵者不是主要問題，購買者使用者才是。如果使用者不再需要犀牛角，就不會有買賣交易的行為。」沒有買賣，就沒有殺害，佩特羅內爾認為，這才是防堵盜獵的根本解決之道。

• • •

犀牛的懷孕期長達十六到十八個月，寶寶出生以後，犀牛媽媽會帶在身邊照顧至少兩年，這兩年也不會再懷下一胎，繁殖的速度相當緩慢，但是盜獵的速度，卻快到讓保育人員措手不及。或許未來，去角是逃離屠殺的唯一存活方式，犀牛的模樣也將被重新形塑定義。如果真有這麼一天，自詡為萬物之靈的人類，不難堪羞慚嗎？

披覆盔甲的龐大身軀，曾經是陸地上出現過最大的哺乳動物。這個重達三千公斤的古老巨獸，走過史前時代的混沌，走過冰河時期的滅絕，走過人類文明的輝煌，怎想到，在這一世紀，竟有可能走不出去，定格在地球的記憶。

萬物本是相依共生，一個物種的消失，影響層面，從來不是單一單向。當一個物種滅絕了，其他的物種也會跟著滅絕，也會連帶受害。「犀牛對生態系統的平衡健全相當重要。犀牛會把灌木和矮樹的草吃短一點，如此一來，專吃短草的羚羊類才能吃飽活下去。」佩特羅內爾解釋，犀牛定期「修剪」枝葉的功能，提供其他動物適合生存的環境，犀牛扮演的角色，是極為關鍵的「庇護物種」（Umbrella Species），能為其他物種撐起保護傘。換句話說，撐傘的安好了，傘下的，也得以繁衍生息。

4 犀牛撞出《地球的孤兒》

我很固執，也很堅持，說我拍不過國際級的大頻道，我絕對服氣，可是我很清楚，我有台灣的觀點，和台灣觀眾的情感連結，這是國外紀錄片無法取代的。

從南非回到台灣以後，被查克撞的這一幕不斷地、重複地在我腦海翻湧（當然電視台的節目預告，每小時播放這段主持人被犀牛撞的稀有畫面，也是原因）。我開始自作多情地想，小犀牛選擇撞我，應該是要我轉述牠的故事吧?!牠本該屬於草原，本該和媽媽一起散步吃草，但是牠的母親慘遭盜獵者屠殺，挖掉犀牛角，而牠眼睜睜目睹這一切……。這個故事，是牠要我揭示世界的吧？

內心的小宇宙瞬間燃燒，自覺肩負為動物發聲的使命，於是半夜瘋狂搜尋其他可能存在的動物孤兒院，找著找著、想著想著，忽然起心動念，來做個節目吧！節目名稱就叫做《地球的孤兒》（Orphans of the Earth），因為，這些失去母親的動物，孤獨無依地被留下來，淪為地球的孤兒。

• • •

剛開始製播以「動物」為主角的節目時，潑冷水的確實比鼓勵的多。許多人善意提醒，我拍不過ＢＢＣ，拍不過國家地理雜誌，拍不過Discovery，「新聞台不是動物星球頻道」、「為什麼要拍外國的動物？」而製作經費同樣是艱困挑戰，到國外拍攝經費龐大，雖然我們團隊已經精簡到只有三人（兩個攝影和我）、縮衣節食勤儉度日，基本開支還是很驚人。

我一人兼任製作人、主持人、執行企劃、攝影助理……從前置作業的擬定題目、規劃拍攝內容、聯絡保育員科學家等受訪者，到訂機票訂住宿、辦理簽證、安排地面交通；出發後，拍攝期間的採訪主持、翻譯溝通、協助器材搬運等等雜務，也是我一人通包。

每趟出門，我身上的採訪包常是十五公斤起跳，越冷的地方包越重，因為需要攜帶的電池越多；當攝影在前方追動物，我就在後方扛著兩支各七公斤的腳架追攝影和動物。我估算過，我負重的裝備，往往超過我一半的體重。完成拍攝返國後，後製作業的撰稿編排、旁白配樂，也全由我負責。

為了省錢，我們盡量住在動物孤兒院附近的便宜民宿，最好是可以走路就到達拍攝地點，我還曾經帶著攝影，在哥斯大黎加跟著當地居民擠公車。只要在英、法、西班牙文可以溝通的國家，我不需要翻譯，還能省下翻譯費用。但再怎麼東省西省東扣西扣，拍動物總是耗時耗財，於是找財源，找贊助，成為我最大的夢靨。好幾次到了火燒眉毛出發在即，我還在到處湊錢。

除了這些挑戰，另一個更難跨過去的檻，就是收視率。

除了《地球的孤兒》，我在東森電視台另有製作主持《台灣一〇〇一個故事》。這個節目從二〇〇九年開始播出，內容多以地方美食、在地食材、飲食文化為主，深入淺出，娓娓道來傳承創新、人生起落、經營哲理……是以「人」為本的食物故事。食物是接受度討論度很高的入口平台，收視率已經連續七年居冠，在新聞台首播後，財經台、綜合台、亞洲台、美洲台都會跟播，購買節目版權的頻道也很多，有一次我還在摔角頻道看過我們的節目呢。

觀眾群穩固了之後，二〇一三年起我開始跑偏鄉、跑部落，探討城鄉差距、隔代教養、原民文化、離島教育、農漁林業，末代菸農、游牧割稻人、養蚵耕海人、鐵道送信人、布農族揹工、攀岩採茶的老阿嬤、天涯海角的燈塔守護員……我和攝影自己開車，深入台灣最偏遠的角落，報導最弱勢的族群。我在《台灣一〇〇一個故事》的熱門時段「偷渡」這些冷門題材，偷渡幾次下來，觀眾也慢慢接受偏鄉系列的報導，所以，我膽子越來越大，二〇一六年，我無懼眾異，執意製播比偏鄉更冷門的《地球的孤兒》。

兩個節目，一個拍動物，一個拍食物。當然，動物永遠追不上食物。石虎黑熊北極熊的收視，絕對拚不過雞排湯包牛肉麵。生態保育的主題，畢竟小眾冷門，《地球的孤兒》最開始播出的收視，每每考驗電視台主管的心臟。

但我很固執，也很堅持。說我拍不過國際級的大頻道，我絕對服氣，像是Netflix知名紀錄片《我們的星球》光攝影團隊就有六百人，陣容龐大規模空前，可是我很清楚，我有台灣的觀點，我有和台灣觀眾的情感連結，這是國外紀錄片無法取代的。而且，我被犀牛撞了。

動植物的生死簿：紅色名錄

成立於一九四八年的國際自然保護聯盟（ＩＵＣＮ），是世界上歷史最悠久、規模最大的全球生態環境保育組織，致力於保護生物多樣性，以及保障生物資源利用的永續性，並從一九六四年開始編製「瀕危物種紅色名錄」（Red List of Threatened Species）。截至二〇二〇年為止，紅色名錄共評估超過十二萬個物種，其中三萬兩千個物種面臨滅絕威脅，包括四一％的兩棲類，三三％的珊瑚礁，二六％的哺乳類，以及十四％的鳥類。而物種的分類，根據族群總數、數量下降速度、分散程度，地理分布等等，區分為九個級別，包括絕滅（Extinct,EX）、野外絕滅（Extinct in the Wild,EW）、極危（Critically Endangered,CR）、瀕危（Endangered,EN）、易危（Vulerable,VU）、近危（Near Threatened, NT）、無危（Least Concern, LC）、數據缺乏（Data Deficient, DD）以及未評估（Not Evaluated, NE）。這份名錄提供了全球動植物最全面性和指標性的瀕危現狀資訊，有助於保育政策的擬定。

第二章

哥斯大黎加／樹懶孤兒院

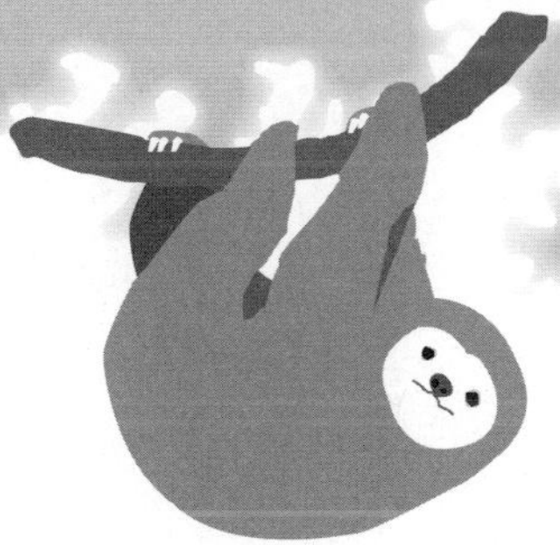

1 地球最緩慢的孤兒院

多砍一棵樹，多蓋一條馬路，甚至多拉一條電線，都有可能造成更多的樹懶死亡。追不上環境變遷的古老生物遺落在危險邊境，成了地球的孤兒。

樹懶也有孤兒院！

當 Google 搜尋跳出「樹懶孤兒院」，我難以置信地大叫。

樹懶就是二〇一四年迪士尼動畫片《動物方程式》（Zootopia），那個動作慢到像停格的「快俠」呀！如果不是刻意搜尋，我根本無從得知，在世界的某處竟然存在一所孤兒院，專門照護治療受傷失親的樹懶。

我努力查詢網站上少的可憐的資訊，得知孤兒院的地點，位在中美洲的哥斯大黎加。哥斯大黎加與台灣的時差是十四個小時，所以聯絡時間必須在半夜三更。那一段時期，我天天失眠，用Skype打電話約訪、討論、敲定細節。起初，院長萊斯利（Leslie Howle）接到我的來電，反應驚詫態度遲疑，她劈頭問：「台灣的電視台為什麼有興趣記錄樹懶？」因為從來沒有亞洲媒體拍攝過這座低調的樹懶庇護所。我花了一些時間向她解釋我們的來意，以及製作紀錄片的用意，往來多次，萊斯利才終於點頭。她告訴我，院內正好有幾隻樹懶準備野放，想拍，動作要快！深怕錯過畫面，我立刻訂好機票民宿（孤兒院周邊真荒涼啊），辦好簽證（哥國免簽，到美國轉機要簽），帶著兩個攝影，一堆器材，用我的破西班牙文，二〇一七年三月，長征哥斯大黎加。

•••

哥斯大黎加是加勒比海和太平洋之間的中美洲小國。雖然國土面積僅占了地球陸地的百分之〇．〇三，獨特的新熱帶氣候，卻讓它擁有全世界百分之四的物種，相當於五十萬種生物，而樹懶的主要棲息地，就在哥斯大黎加的熱帶雨林。

對於哥斯大黎加，我是陌生又熟悉的。父親年輕的時候，拎著一只皮箱，隻身遠赴中美洲各國做生意，家裡的大嘴鳥玩偶，就是爸爸從哥斯大黎加帶回來的紀念物。而今父親已不在，我循著他的足跡，踏上他曾經走過的土地，這種穿越時間空間、天上人間的心靈連結，微妙又深切，彷彿透過我的工作，我更了解我的父親。

這趟到中美，我們從美國洛杉磯機場轉機，飛往哥斯大黎加的首都聖荷西。到洛杉磯轉機惡夢一場，等候通關的隊伍無限延伸，根本看不見盡頭。我們硬拖著疲憊的身體，反抗著頑強的時差，排隊排了三個多小時，才通過檢查護照的櫃台。機場工作人員每個人的臉都很臭，講話口氣也很差，趕人像趕動物般地狂吼：「Move! Move! Move! 」我也超想 Move Move 啊！只是漫漫無盡的隊伍動都不動。好不容易入境，行李領出來，再出境 check-in 行李，入境出境一來一回耗掉半條命，原本以為轉機時間有四個小時很充裕，結果卻不夠用，我們最後是狂奔到登機口剛好趕上，連上廁所都來不及。

到了聖荷西，下機再轉車，按照網站地址來到孤兒院，轉了半天卻找不到大門。原來，孤兒院隱身在農場裡頭，如果路不熟，還真的連門都沒有！就這樣，一路摸索，終於抵達地球上最緩慢的孤兒院。

• • •

「來到這裡，記得放慢腳步喔！」萊斯利很幽默，她說得對極了，孤兒院收容的，可是地球上最慢的哺乳動物，樹懶每一個動作，等同人類放慢十到十五倍的速度。Take it slow（慢慢來）很好，卻苦了節目的攝影師，兩個大男人蹲在樹下拍攝，蹲到腳發抖手發痠，主角依舊沒有動靜，就算有動靜，也慢到看不出來。很多時候，明明只有兩步的距離，樹懶卻爬了十分鐘還沒爬到，攝影乾脆整個人趴在地上，慢速匍匐前進。當然，生態攝影的第一課，就是等待，每個生動的畫面，都是用耐心恆心，爆肝爆汗，甚至流血流淚等來的。動物沒得商量、沒得預排、更沒得NG重來，除了等待還是等待，只是，「沒想過一個動作要等這麼久！」攝影們哀嚎。

樹懶為什麼這麼慢啊？因為，牠—挑—食。挑嘴的樹懶只吃特定幾種葉子，偏偏樹葉缺乏營養，熱量太低，又難消化，有時候吃一餐，需要花一整個月才能消化完全。樹懶只好降低自己的活動量，節省體力。慢，是牠們存活的唯一方式。樹懶一天消耗的熱量只有一百四十卡，超過就有可能致命。

另外，非必要，樹懶絕不會離開樹木，因為爬樹太費力氣。再者，沒有防衛能力，更無法競速的樹懶，只能靠偽裝躲過天敵。一旦缺少枝葉的遮蔽掩護，將是掠食者獵捕的最佳機會。每個星期樹懶只會下樹一次，為了，上一廁一所。為什麼非得冒著生命危險下到地面排泄？愛乾淨嗎？如果怕髒，坐在樹上，屁屁朝外不就好啦？這問題，科學家至今沒有確切答案。就像樹懶為什麼存活幾千萬年，依舊慢慢悠悠地沒有進化？同樣讓科學家困惑。且別一勁兒嫌人家慢，千萬年來，比牠快的物種如恐龍呀、猛瑪象呀，早先陣亡，跟地球說掰掰了。

「你看，牠的模樣非常優雅，移動的方式就像打太極。牠一直微笑，因為這是牠唯一的表情。基本上，牠們無法停止微笑，樹懶的臉部沒有足夠的肌肉可以變化表情，也就是說，牠們即使生氣悲傷，也是笑笑的。」滿頭捲髮的美國志工米契爾（Mitchell）詳細解說樹懶永遠一號表情的原因。生氣悲傷也要保持微笑？我對這個「禪」意的動物滿是好感，慢活的極致精神，或許正是我該靜心學習的。

「一二三四五六七，好，很酷。」「一二三四五六七，好，OK。」每次看到米契爾，他總在數數，因為院區內一大群樹懶寶寶成天攀來爬去，深怕落掉一隻，得多算幾次才安心。像米契爾一樣在孤兒院擔任樹懶褓姆的志工，多半是來自世界各國的生物學家、動物學家和獸醫師。米契爾本身就是動物學家，他透露上一個研究的物種是獵豹。一個是地球上跑得最快的動物，一個是地球上動作最慢的動物，太奇妙的反差了！怎麼轉換心境？他頑皮地眨眨眼：「這就是動物研究最迷人的地方。」

• • •

對比專業的志工群，孤兒院長萊斯利自嘲，她是唯一沒有專業背景的業餘人士。這位笑聲爽朗的美國職能治療師因為熱愛動物，移居到哥斯大黎加定居，買了一座農場。最初，她投入大嘴鳥的救援計畫，也把農場命名為大嘴鳥救援農場（Toucan Rescue Ranch）。在哥斯大黎加，許多大嘴鳥被違法當成寵物販賣、飼養，查緝人員發現沒收以後，無主的大嘴鳥就被送到萊斯利的農場照養，最好的狀態當然是野放，可惜能夠成功野放的並不多，許多長年被人類圈養的野生動物早已喪失野外求生的能力。

有一天，一隻出生才一星期，失去媽媽的樹懶寶寶因緣際會被送到農場收容，那一張無法抵擋的、微笑的小臉，徹底融化萊斯利的心，讓她情願把全部的心力和生命，奉獻給守護樹懶的終身任務，大嘴鳥救援農場至此轉型成樹懶孤兒院。維持一所動物孤兒院是艱辛的，樹懶的照護，員工的薪水、動物急診室的運作，每月近五十萬台幣的開銷幾乎全靠捐款以及教育課程。

誤入鐵絲網，野狗攻擊，高壓電線電擊，是樹懶送進孤兒院救傷安置的三大主因。萊斯利解釋，也有過馬路太慢（真的快不起來啊），遭車輛撞擊的。在哥斯大黎加，許多原始林地都被剷平，開發成都市，樹懶遭遇前所未有的生存挑戰。棲地上，多砍一棵樹，多蓋一條馬路，甚至多拉一條電線，都有可能造成更多的樹懶死亡。當世界轉動太快，追不上環境變遷的古老生物遺落在危險邊境，成了地球的孤兒。萊斯利希望傳遞一個理念：人類從來不是地球的主宰者，地球上還有其他物種，萬物共享這顆星球，我們不是主人。

當其他的古生物滅絕消失，拒絕進化的樹懶，卻用最慢的步調存活下來。人類是否能多付出一點耐心，多留出一些空間，讓這一張微笑的臉，繼續牽動地球的心跳？

2 樹懶寶寶的集訓課

該怎麼倒吊，是訓練課程之一。志工會把攀爬繩索綁在搖椅上，模擬樹枝隨風搖晃的實況，而食物夾在曬衣架上，是讓樹懶寶寶們習慣東西必須倒著吃。

「這是貝拉（Bella），這是莫娜（Moana），很不幸，牠們都是孤兒。」米契爾為我介紹眼前這兩隻小樹懶。他負責監督這兩隻行為出現偏差的三趾樹懶寶寶。

「貝拉當時卡在鐵絲網上，牠不停呼叫，直到有人發現牠。現在牠正在接受訓練，未來可能會野放……，」話還沒講完，貝拉突然大叫，細細的聲音非常尖銳，「天啊，牠們長得真快，這是我的寶貝女兒，牠正試圖引起男生的注意。但是抱歉，現在不行，你還太年輕，不應該想到那個，現在應該專心學習。」你真像老爸一樣叨唸啊！我笑米契爾的父親角色太過投入。

十個月大的莫娜是新報到的成員，牠經常忘記自己是樹懶，米契爾每天都要耳提面命跟牠說：「莫娜你是樹懶，記得嗎？你住在樹上，對啦，要在樹上，你又在地上做什麼？」莫娜喜歡在地上爬行，自曝險境的偏差行為違反天性，有待矯正。「莫娜，真的假的，你要逃亡了嗎？逃亡太早了！」看到莫娜又默默爬到地上的模樣，米契爾好氣又好笑。

樹懶的生活習性都是跟著母親學來的，樹懶媽媽會把孩子摟在懷裡，直到六個月斷奶為止，有的甚至會帶在身邊長達一年。但是，樹懶孤兒沒有教導模仿的對象，只能透過照養員的訓練，學習生存法則。

此外，二趾樹懶和三趾樹懶的訓練方式也不一樣。二趾，顧名思義就是前爪只有兩個爪子。二趾樹懶和三趾樹懶的長相差異明顯，二趾的體型也比三趾大一點。二趾樹懶一生中有百分之九十的時間，包括吃飯睡覺移動繁殖甚至死亡，都是倒吊著。這樣的姿勢不會消耗牠們太多能量，所以該怎麼倒吊，就被列入訓練課程。志工會把攀爬繩索綁在搖椅上，模擬樹枝隨風搖晃的實況，而食物夾在曬衣架上，則是讓樹懶寶寶們習慣東西必須倒著吃。

• • •

除了集訓的小樹懶，孤兒院內還有年紀更小的樹懶寶寶需要二十四小時貼身照顧，不但每四個小時要喝一次溫熱的羊奶，擔心寶寶們喝太快嗆到，褓姆必須用針筒，一小口一小口的餵食。小朵莉（Dory）就是這樣被悉心餵大的。牠的媽媽被鐵絲網刺傷死亡，當時牠被母親緊緊抱在懷裡。朵莉現在已經四個月大，還需要志工帶牠到草地上，學習怎麼排便。樹懶解便前後的體重差異多達三〇%，為了確保該排出去的都排乾淨了，量體重也是例行工作。而右眼失明的黛絲特妮（Destiny），母親遭高壓電灼燒死亡，牠跟著摔落地面傷及眼睛。院方倒不擔心牠缺了一眼的視力，因為樹懶的眼力和聽力原本就非常差，強化嗅覺和觸覺的敏銳度，才是黛絲特妮最重要的功課。

除了救傷照養，孤兒院也幫助截肢的樹懶復健。誤觸高壓電的金潔（Ginger），左手被截肢，每天都要按表操課運動健身。「牠少了一肢剩三肢，很難爬樹或下到地面，我們必須加強牠手臂的力量，以及訓練牠在地面爬行的能力，牠才能在兩棵樹之間移動。」獸醫師珍妮特（Janet）專責金潔的復健。看著金潔搖晃著身體，費勁地挪動，我有些鼻酸。雖然動作仍不協調，但這樣的成果，珍妮特已經相當滿意了，因為當初金潔在手術台上，一度失去生命跡象，「我們在幫牠截肢的時候，牠的心跳突然停止，呼吸也停了，我們開始做心肺復甦術，輸入氧氣，用盡各種方法，牠才恢復呼吸。」

像金潔一樣接受截肢手術的樹懶，在孤兒院共有八隻，存活下來的只有三隻。三個倖存者，展現強烈的求生意志，經常互相親親打氣。

金潔的復健療程還沒結束，一台卡車衝進孤兒院，猛然剎車，畫破寂靜的早晨。原來有一隻二趾樹懶掛在電線桿超過三天，如今還有一息尚存，「牠還有呼吸，我們需要幫忙！」萊斯利一把抱起受傷的樹懶，「萊斯利牠可能會咬你！」萊斯利的丈夫急著大聲提醒，他了解妻子的奮不顧身，「我知道，快開門！這個部位可能就是被高壓電電擊的地方！」獸醫珍妮特放下金潔急奔過來，把奄奄一息的樹懶安置在手術台上，「樹懶被高壓電灼傷之後，骨頭開始流失鈣質，一旦缺乏鈣質，可能會發作癲癇，所以我們要盡量補充鈣質，補充添加鈣質的液體。」一陣慌亂緊急搶救，珍妮特為牠打了營養針，蓋上好幾層電毯保暖，能做的都做了，剩下的，只有等待。在孤兒院，每個月平均有兩隻遭高壓電線電傷的樹懶被送過來救治，我難以置信，自己正親眼目睹這一切的發生。

「牠開始有一點反應了，生命跡象慢慢穩定，」夜深了，萊斯利依然守在病床邊不肯離開，「希望可以保住牠的手臂。」我凝視她的倦容，想說些什麼，卻哽咽語塞，只勉強擠出：「會的，牠是一個鬥士。」「牠睡著了，我們讓牠多休息一會，通常電擊之後，需要等好幾天觀察體內的情況，因為常常會出現內傷、內出血的情況。」萊斯利敦促我們回去休息。

「你的動力是什麼？」我忍不住問了這個疲憊的女人，長年下來，打這場難贏的仗，很挫折吧？「確實是，」她深吸一口氣，「但是，這些小生命應該要回到森林。成功野放，就是我最大的動力。」與其說是動力，我倒覺得是使命，所以她無求無悔。我們的一生，都有無求的付出吧？對家人、愛人、友人，而樹懶，就是萊斯利的家人、愛人和友人。

很遺憾地，這隻遭電擊的樹懶，最後沒能存活下來。雖然情況一度穩定，第二天晚上牠的心跳突然停止，或許是內出血太過嚴重，「還是要努力振作，繼續下去！」萊斯利強顏歡笑，我卻沒勇氣與她對視。

• • •

這一天對樹懶孤兒院來說，是個大日子，二趾樹懶蒂娜（Tina）即將野放。五個月以前，蒂娜的右前肢被狗咬傷，骨頭斷裂，獸醫珍妮特為牠打了鋼釘，經過五個月的治療復健，照了全身的X光，健康狀況非常良好，蒂娜終於可以回家了。蒂娜是孤兒院十年來野放的第二十三隻樹懶。我們開著車，前往距離孤兒院四個小時車程的偏遠山林。

萊斯利特別挑選一棵葉子豐美的熱帶杏仁樹，打開提籠，催促蒂娜爬上樹。或許近鄉情怯，蒂娜有點猶豫不安，久久不肯移動，「去吧，蒂娜，你可以的，去吧，寶貝，再見了！」萊斯利眼眶泛淚，她笑說自己哭點很低，每次野放每次掉淚，「很像把自己的小孩送走。」她的心情我完全體會，相處的這些日子，我看著她把院區收容的每一隻樹懶都當成自己的孩子呵護。萊斯利和丈夫選擇不生小孩，專心全意照顧地球的孤兒，「牠們就是我的孩子。」夫妻倆還存錢購地，希望能有更多的樹懶棲地，免於城市擴張的威脅。他們已經買下占地十公頃的林地，保留原始樣貌，「這是牠們需要的，牠們需要土地，不需要電線，不需要人類，不須要車輛，只需要森林。」

很快地，蒂娜的毛色將覆蓋一層綠。野生樹懶的毛髮幾乎都是綠色的，這顏色來自身上的綠藻。除了綠藻、青苔附著，樹懶的皮毛還有樹懶蛾寄生。蛾死亡分解之後，產生的養分能促進藻類大量增生；綠藻能提供樹懶最佳的保護色，還能在緊急時刻，成為樹懶充饑的「便當」。當蒂娜披上綠衣，怕是連萊斯利都認不出來了。所以未來兩年，孤兒院的保育員將循著蒂娜繫掛的追蹤頸圈發出的訊號，記錄牠的行蹤，藉此了解樹懶回歸森林以後的適應狀況，以及棲地的使用範圍。這也是孤兒院第一次嘗試追蹤野放的樹懶，幕後推手是哥斯大黎加的樹懶研究中心（The Sloth Institute）。

3

野放樹懶的生存挑戰

珊姆想給的不只是祝福。所以她帶領團隊，深入研究野放過程，以及野放後的適應情況，希望透過研究，能找出更周全的樹懶保育計畫。

樹懶研究中心，名為「中心」，位置卻極其偏遠，我們從孤兒院出發，車程超過七個小時，通過一座浮滿上千隻鱷魚的鱷魚橋，才找到這座隱藏在樹林當中，不像「中心」的「中心」。

既是非營利機構，經費有限一切從簡，實驗室是貨櫃屋改的，宿舍是帳棚搭的，行動廚房、行動廁所，行動浴室……在我們拍攝期間，正好有一群來自英國的科學家已經在帳棚住了超過一年半，「至少，不用挖洞上廁所，」

科學家們很樂觀，「很多野外營地只有地上一個洞。」在中心做研究，吃住很克難，記錄樹懶的行為習性更是一場耐力戰。這種幾乎不太移動，睡覺時間長達十五至二十小時的慢活動物，必須付出加倍的時間和耐心，才能獲得一丁點資訊。「我們每分鐘都要做紀錄，每一分鐘喔！」研究員邊強調，邊拿著本子不停筆記：「爬樹，休息，爬樹，排泄……牠爬下來上廁所只有兩分鐘，然後就爬回去……。」每個動作都很重要，不容錯過。

觀察二趾樹懶又是截然不同的生理時鐘挑戰。二趾樹懶是夜行性動物，工作人員得排班輪流守夜，只能戴頭燈，避免過多光源干擾。「你要坐在地上，一整晚盯著牠嗎？」我多嘴的問，「是的，我們必須詳細記錄牠們的行為舉止，包括，和其他樹懶的距離有多近，棲息在哪一種樹……。」我光看那本寫得密密實實的筆記，睡意就爬上來。

樹懶研究中心的負責人珊姆（Sam Trull）是專攻靈長類的美國動物學

家，她隻身來到哥斯大黎加，但是投入樹懶的保育工作，從來不在她的人生規劃之中。二〇〇七年，她的未婚夫車禍身亡，接著，父親癌症過世。一年之內，失去兩個生命中最重要、最珍愛的男人，她的世界崩塌了。碎著一顆心，珊姆幾乎是用逃的，遠走中美洲。她參與了哥斯大黎加的熱帶雨林保育計畫，並被指派負責樹懶的救傷照護。珊姆曾多日未闔眼，看護一隻感染肺炎、戴著氧氣面罩的樹懶寶寶，她還揹著復健中的樹懶下水，訓練游泳技能，當地人喊她「樹懶媽媽」，而她也從樹懶寶寶的微笑中，縫補了破碎的靈魂。

動物療癒的力量，是大自然（Mother Nature）的奇異恩典。二〇一四年，珊姆成立樹懶研究中心，她說，大多數的保育員都投注在救援照養工作，但是對於野放，通常只是放牠們走，「然後雙手拍拍說一聲，Good Luck（祝好運）！」珊姆說，她想給的不只是祝福。所以她帶領團隊，深入研究野放過程，以及野放後的適應情況，「很少物種被這樣研究，更別說樹懶了！這也是我們堅持做下去的原因，透過研究野放，還有野放後的情況，希望能找出更周全的樹懶保育計畫。」

正當我們結束上午拍攝、走回民宿的時候，珊姆急電，研究團隊發現追蹤多日的愛麗兒（Ariel）正慢條斯理爬下樹，抓住機會，研究員把愛麗兒帶來實驗室檢查身體健康狀況。我們趕緊折回，抓著攝影器材往中心飛奔。「牠不是很開心，我們盡量動作快，」珊姆拿著皮尺開始迅速測量身型、頭型、爪子長度，「小姐你的爪子太長了！」愛麗兒慢慢舉起手臂，試圖阻擋測量工作，另一組人馬飛快採集檢體，挑出寄生蟲。取得數據之後不敢耽擱，珊姆火速地把愛麗兒送回家，「親愛的好啦！可以了！」愛麗兒又慢慢地往樹冠方向攀爬，「大家散了吧，等牠上去可能要天黑了。」珊姆揮手解散。還好，我們住得夠近，沒錯失畫面。

•••

動物做任何事情，不管快慢都不等人，只有人等動物的分，且拍攝動物，大多數的狀況都是突發性，一旦錯過無法重來，扼腕悔恨皆無濟於事，所以我排訂的住宿，都是距離拍攝地點越近越好。不管住房環境有多讓人不敢領教，反正只是睡一覺！而且常常睡沒幾小時就要出門，我都是這樣安慰攝影。

幸運的是，兩個革命夥伴林奕勳和李孟唐，這些年跟著我繞著地球苦行，沒吃好睡好卻從未抱怨，有拍到最重要！我們三人理念一致。但這次在哥斯大黎加的住宿，簡直考驗我們的忍耐極限。樹懶研究中心對面的民宿，蜿蜒而上的樓層沒有電梯，我們扛著大堆把我賣掉都賠不起的攝影器材，每日上上下下地爬，更難受的是，房間沒有冷氣！四十多度的高溫沒有冷氣，房間像烤爐一樣，熱到感覺坐在地板上就會被煎熟了。

另外，廁所裡沒有鏡子，沒有吹風機，我問民宿老闆，可以借我梳妝鏡和吹風機嗎？他瞪大眼睛，突然暴怒，要吹風機幹嘛！頭髮一下就乾了！我弱弱地解釋，因為我是電視台的主持人，上鏡頭需要化妝，所以需要梳妝鏡，頭髮也要整理一下，所以需要吹風機……他聽完，馬上打電話給訂房網站「投訴」我，抱怨我的要求「太無理」，根本是奧客……。為了避免被他趕出去，沒鏡子就沒鏡子吧，沒吹風機也不是第一次了，主持人素顏亂髮入鏡，觀眾也習以為常了。畢竟，主角是動物，不是主持人。

我們每天早上像苦行軍，揹著裝備，步行到研究中心拍攝，天氣悶熱到一出門就全身爆汗，衣服都可以扭出水來。地獄應該就這麼熱吧！我們一邊走一邊想。但這個紀錄很快又被打破。南美巴西的潘塔納爾濕地，比哥斯大黎加雨林更熱！平均四十六度，正中午飆升至四十八度！我們搭乘無遮蔽的小船，穿梭在濕地流域，每天曝曬超過十二小時追美洲豹，還得忍受馬蠅的圍攻。馬蠅螯的刺痛像蜜蜂，又熱又痛，那才真的是地獄。

哥斯大黎加的四月，中午的太陽實在毒辣，科學家也需要躲回帳棚休息，於是我們又從研究中心走回民宿，沖冷水降暑氣，並在路邊的小超市隨便買罐頭、麵條或水果吃一吃。天氣太熱實在沒胃口，去哥斯大黎加的十天，我們每個人都掉了最少三公斤。還好堅持過來了，正因為住在對面，白天晚上，任何突發事件，包括發現樹懶，搶救樹懶，我們總能在第一時間用飛毛腿趕到。台灣媒體的戰鬥力，果真讓外國人刮目相看！「你們應該跟樹懶一起睡在中途之家，就不用這樣跑來跑去。」珊姆開玩笑地說。

• • •

這兩年，珊姆集資蓋了一座野放中途之家。所謂的中途之家，就是讓準備外放的樹懶自由進出的臨時安置所。安置所不關門不上鎖，樹懶可以進進出出，直到牠們不再回來為止。研究人員還會備好糧食，避免樹懶在外覓食不順，餓著肚子。分階段的野放方式，讓這些從小被人類照顧的樹懶孤兒有適應調整的緩衝空間。這一套循序漸進的模式，未來樹懶孤兒院也會採用。

「樹懶尚未被國際自然保護聯盟的紅色名錄列入瀕危（Endangered）動物，但是處境危險（In Danger）。」珊姆傳達重要的保育觀念。現存的六種樹懶當中，鬃毛三趾樹懶已易危，侏儒三趾樹懶極度瀕危，「不要等到一切都太遲！樹懶非常脆弱，牠們面臨太多危險，致命威脅來自人類，特別是人類入侵棲地，樹懶無法跳躍，牠們動作很慢，光是人類修剪樹枝，剪斷幾棵樹之間的連結，樹懶就回不去了。牠們必須冒著生命危險，從地面爬回去，不像猴子可以直接跳回去。這些小事情對樹懶來說，影響非常巨大。」

「另一件人類造成的破壞，就是砍掉森林蓋馬路、蓋房子，安裝電線。這些電線沒有加裝保護裝置，樹懶需要在樹木之間移動，當牠們看到這些電線，誤以為是新長的樹枝，伸手一抓，就被電擊了。」這番話語重心長。珊姆也希望透過我們的節目呼籲，雖然樹懶的萌樣難以抗拒，中南美洲許多遊樂場、動物園甚至路邊攤，都提供樹懶讓遊客抱抱合照，但是樹懶容易緊張，緊張造成的心跳加速，將危及牠們的生命。所以被當成拍照道具的樹懶，死亡率相當高，然而對大多數的商人而言，折損幾隻樹懶算不了什麼，再到雨林抓幾隻便是了。這現象看在保育人員眼裡，除了心痛，還有缺乏法源禁止的無奈。

我們在孤兒院拍攝期間，萊斯利也曾提醒我們，和樹懶保持距離，避免碰觸，因為孤兒院收容的樹懶大多以野放為終極目標，萊斯利不希望牠們過度熟悉人類的味道。所以，拍了樹懶，沒摸到也沒抱到，遺憾嗎？許多人問過我。其實，真正會留下遺憾的，是無心舉動，傷害到野生動物而不自覺。這些年來，我和團隊跑遍全球七大洲、南北極拍攝記錄野生動物，除了謹遵科學家、保育員的規定，也以最嚴格的標準自律，不干擾不干預，絕不為了鏡頭效果，違反原則。

• • •

離開哥斯大黎加前，樹懶孤兒院長萊斯利送給我一個讓我一秒飆淚的禮物：大嘴鳥玩偶。一次閒聊，我告訴萊斯利，父親從哥斯大黎加帶回大嘴鳥玩偶的故事。臨別前，萊斯利摟著我：「這樣你台灣家裡的大嘴鳥就有同伴，不孤單了！」一股熱浪猛然衝進眼眶，從未想過啊，一個距離台灣一萬五千公里、時差十四個小時，熱到讓我覺得像地獄的國度，一個未曾謀見卻一見如故的美國女子，竟寬慰了我內心深處對父親的思念。拜訪樹懶孤兒院是三年前的事了，我和萊斯利至今仍保持聯繫，即使相隔遙遠，友情也不會變質。

樹懶為什麼不會腦充血

樹懶大多數的時間都是倒吊的，毛髮甚至逆向生長，但是這樣的姿勢為什麼不會造成腦充血？原來，樹懶的體內有「特殊裝置」。牠們頸椎的骨頭，比長頸鹿還多。大部分哺乳動物的頸椎骨都是七節，包括長頸鹿在內，但是樹懶卻有九節，頭部可以旋轉二百七十度，方便隨時轉頭調整角度，讓心臟和大腦，保持在同一個高度，並且維持血流穩定。此外，樹懶的內臟，有「固定器官」的纖維膜，能把肝和胃穩穩固定在肋骨上，就算倒掛著，也不會移動位置，向下擠壓到肺部，造成呼吸困難。這些奇妙的身體構造，讓樹懶可以自在輕鬆顛顛倒倒，據說，倒著看，更能看清楚天空的掠食者呢！

第三章

俄羅斯／棕熊孤兒院

1 泰迪熊寶寶的孤兒院

小熊育嬰室的木門一打開，我頓時深吸一口氣，忍住想尖叫抱抱的衝動。我的天啊，這是泰迪熊啊！活生生的、毛茸茸的，會動的泰迪熊！

在樹懶孤兒院時，萊斯利告訴我另一個動物孤兒院的存在。她說，坐落在俄羅斯白雪森林深處有一個棕熊孤兒院，動人故事值得我去挖掘。所以，揮別高溫四十幾度的熱帶雨林，下一站，我們轉往零下三十度的冰凍森林，溫差高達七十度。還好，攝影們都沒有唉，甚至互相揶揄，老皮夠厚才禁得起熱漲冷縮。能有志同道合的夥伴同行，真是節目得以繼續運行下去的最大動力。

二〇一八年二月，十九個小時的飛行後，我們三人抵達莫斯科國際機場。早耳聞俄羅斯對外國媒體的限制和不友善，也曾看過ＢＢＣ團隊被軍警一路跟蹤監視，製作人還被帶進小房間訊問……雖有心理準備，但真實發生在自己身上，還是差點亂了陣腳。入境驗照櫃台，穿著筆挺軍服、理著平頭的移民官，仔細翻閱我那本戰績輝煌、出入境章蓋得滿滿的護照，抬頭掃了我一眼，接著湊過去和隔壁的移民官嘀嘀咕咕一番。歐語系的語言我大多能聽懂，就算不全懂也能猜懂一二，但俄語就真的束手無策。看到對方邊講邊指向我，我隱約猜到情況可能不太妙，果不其然，我們三本護照全部被扣留了。

我緊張地追問移民官，我們的簽證有什麼問題嗎？為什麼要收走我們的護照？移民官鐵青一張臉，惡狠狠地回答：「你給我坐旁邊等著！」我不敢忤逆，心裡七上八下地盤算，萬一我們被逮捕了，押送西伯利亞（電影都是這樣演），不讓我們聯絡家人，該怎麼辦？我們端坐在櫃台邊的長椅，四十五分鐘過去了，現場完全沒有動靜，我開始擔心行李轉盤上的器材箱、行李箱，腳架筒……萬一被偷了，該怎麼辦？我悄悄拿起手機，準備撥打外交部的緊急連絡電話，這時移民官突然跑來歸還護照：「你們可以走了！」他頭也不回，完全不打算解釋滯留我們的理由。不敢多耽擱一分鐘，我們飛快衝向行李轉盤，清點了一下，還好，東西都在，一樣沒少，就連預約到機場接我們的民宿司機也還在，沒因久候先行離開。我鬆了一口氣，他如果走了，我還真不敢臨時路邊攔車，更何況，接下來的車程，長達七個小時。

• • •

棕熊孤兒院（Orphan Bear Rescue Centre）位於俄羅斯西北方一座森林小村，距離首都莫斯科四百五十公里。我們穿越俄羅斯母親河「窩瓦河」的源頭特維爾省，深入白雪覆蓋的原始林地。積滿深雪的道路，顛簸難行，駕駛大叔卻說，今日路況算好了，沿途也沒有交通事故，否則七個小時也到不了目的地。抵達民宿已是晚上八、九點，這棟遺世獨立的民宿，方圓百里沒有其他建築，房客只有我們三個，因為在冰凍的二月，幾乎不會有外地人造訪。

拖磨一整天又累又餓，民宿老闆娘端出食物，「喝點熱湯吃點麵包吧！」她溫和地微笑。我們溝通的方式很奇妙，她聽不懂英文，我聽不懂俄文，所有的對話都是透過 Google 翻譯。我們用電腦或手機打好各自的語言，然後再用 Google 翻譯成對方的語言，效率有點慢，但在空氣都凍結的地方，急什麼呢？我們約定好明日出發到孤兒院的時間。其實，夏季確實可以從民宿步行過去，但是冬季，及膝的厚雪舉步維艱，還得靠民宿老闆開四輪傳動、加掛雪鍊的貨車接駁。

回到房間，已經無力打開行李，倒頭就睡，今天打了一場硬仗啊！窗台外，屋簷下已掛滿一整列尖頭冰柱，氣象預報顯示，明天氣溫將低於零下二十度。不怕！我們三個月前才遠征南極呢！南極都忍過了，是吧?!攝影師點點頭，不怕。但事實證明，俄羅斯的嚴冬，練過的人才待得下去，「怎麼感覺比南極還冷！」攝影邊拍邊搓手，嫌手套卡卡礙事，但拍沒幾分鐘，指頭都沒感覺了。

第二天清早，身形高壯的老闆準時在門口等候。昨晚抵達的時候，周圍一片漆黑，早上天光一亮，我才看清楚，原來民宿後方，有一大面結冰的湖泊，環湖的針葉林已經被雪染白，雪樹銀花，唯美迷離。老闆看到我們穿著台灣帶來的「雪鞋」，噗哧一聲笑了出來，「這鞋不行啦！踩到雪地包準全濕。」他拿出當地特製的防水防滑高筒長靴，要我們換上，接著一手把我拎起來，越過積雪，直送車裡。老闆娘從屋內追出來，塞給我一個紙袋和保溫壺：「起司三明治和熱咖啡，你帶去孤兒院當午餐，那裡沒有食物只有動物。」Google 翻譯表達出她的關心。我心頭暖烘烘的，俄羅斯人的第一印象多半是高冷，但相處後發現，他們只是「慢熱」。

幾分鐘車程，我們抵達低調隱密的棕熊孤兒院。「我們平常不會過來這邊。」民宿老闆對於台灣電視台飄洋過海，專程到這個鳥不生蛋的地方拍攝，充滿疑惑。小村落叫做波波尼奇（Bubonitsy），當地人稱它是「幾乎要被滅絕的村子」，因為在八〇年代，整村只住了兩個人。一九八五年，西伯利亞的生物學家瓦倫丁・帕基特諾夫（Valentin Pazhetnov）和太太搬到這處孤絕之地，搭建棕熊孤兒院，遠離人群屋舍，救援失去母親的棕熊寶寶。如今，瓦倫丁的兒子媳婦，孫子孫媳婦，一家三代，全部投注在棕熊孤兒的照護工作，這些年來，一家人已經成功野放超過二百五十頭小棕熊。也正因為地點太過隱密，網路上能獲取的資料有限，我輾轉透過國際愛護動物基金會（International Fund for Animal Welfare, IFAW）的協助，才聯繫上孤兒院。

・・・

歡迎你們！帕基特諾夫家族的第二代，謝爾蓋（Sergey）和卡蒂雅（Katya）站在路口迎接。謝爾蓋是孤兒院創辦人瓦倫丁的長子，清澈真摯的眼神，溫柔靦腆的微笑，我瞬間秒懂，妻子卡蒂雅放棄莫斯科的生活，甘願在原始森林餵熊，就是這對眼睛的魔力吧！莫斯科大學畢業的卡蒂雅英文流利，是家族對外聯繫的窗口，我們已經互通了無數的e-mail，見到本人分外親切。「瑪琳娜（Marina），不敢相信你真的來了！本來我還擔心移民官把你當間諜抓走了！」卡蒂雅爽朗地笑起來，對於機場扣押護照事件，她直呼不可思議：「希望你別對俄羅斯人失望，我們是很好客的！等你吃過我的煎餅就知道了。」

早晨的餵奶工作即將展開，我們備好器材，移往小熊育嬰室拍攝。開拍之前，儘管卡蒂雅已在 e-mail 交代多次，她還是再次提醒訪客守則：拍攝團隊和棕熊寶寶必須保持適當距離，禁止觸摸幼熊，避免說話交談，不噴香水，不使用過度香氣的肥皂，因為棕熊的嗅覺特別敏銳……。她說，曾有歐洲媒體一見到熊寶寶，拍攝守則立即拋諸腦外，衝上去又抱又親，「我們很為難。」

小熊育嬰室的木門一打開，我頓時深吸一口氣，阻止自己少女心大噴發，忍住想尖叫抱抱的衝動。我的天啊，這是泰迪熊啊！活生生的、毛茸茸的，會動的泰迪熊！可愛的太沒天理。幾隻還不會爬行的熊寶寶，在地板翻來滾去，軟呼呼的疊在一起，疊成真實版的趴趴熊。或許剛開始長牙，小傢伙特別躁動不安，呀呀地叫。謝爾蓋和卡蒂雅以及兒子瓦西里（Vasiliy）三個人全部穿上防護衣，戴手套，不出聲不交談，只用手勢溝通。奶粉加入維他命C，每四小時要餵食一次，兩個大男人，用嘴唇測試牛奶的溫度，牛奶太冷或太熱，小熊都不喝，「很難伺候的寶寶，」奶瓶準備好，父子倆一人抱起一隻熊寶寶，塞進奶嘴，「自己的孩子都沒有這樣餵！」小熊稀哩呼嚕，迅速把牛奶吸完。喝完了奶，接著要秤重，還要按摩，讓肌肉更結實強壯，整套服務全到位。天氣好的時候，卡蒂雅也會幫小熊洗香香。

目前，孤兒院住了三對小兄弟，一對被遺棄在莫斯科的垃圾場，一對被丟棄在聖彼得堡的獸醫院，一對被伐木工發現。幼熊剛生下來又盲又聾，只有一瓶礦泉水的重量，出生後二十天才有聽力，視力要等三十天。六隻熊寶寶入住育嬰室兩個月，體重增加四倍，傲人的成績，奶爸奶媽很有成就感。

我問卡蒂雅，在屋內比手畫腳的原因是什麼？卡蒂雅解釋，保持絕對安靜是照護棕熊的基本守則，為了讓小熊保持野性，與人類的接觸越少越好，「熊應該要害怕人類！」在野外生存的唯一方式，就是和人類保持距離。此外，盡量避免動物把人類的聲音和食物畫上等號，未來野放的時候，棕熊才不會循著人聲覓食。避免熟悉人類的聲音和氣味，是小熊自保的第一堂課。

「小熊真的太可愛了，朝夕相處，不能摸不能抱，很掙扎吧？」我問卡蒂雅，

「當然掙扎！但是熊寶寶不是寵物不是玩具，牠是屬於山林，屬於大地的。」

「每天都要心理建設，告訴自己，泰迪熊不是你的泰迪熊，不管你有多喜愛牠們。」愛不是占有，愛是放手，對野生動物如此，對人亦然。

他發現當母熊遭獵人槍殺，失怙的棕熊寶寶將面臨生死危機，決定在一座沒電力、沒道路的古老村落，成立棕熊孤兒院，為棕熊寶寶築起最後的庇護所。

2

獵熊家族變救熊家族

第二天拍攝時，熊寶寶堆裡兩個多月大的詹尼亞（Jenia）突然用盡力氣撐起後腳，搖搖晃晃跨出第一步，看到這一幕，我像是目睹自己的孩子會爬時一樣興奮，趕緊摀住嘴巴，避免忘形。熊寶寶開始爬行後，需要更大的活動空間，這個時候就要搬離育嬰室，進入第二階段的照養訓練。

帕基特諾夫家族仿照熊穴，打造一座小熊屋，屋內光線幽暗，非常溫暖，溫度大約在攝氏二十度左右，這也是熊寶寶在熊穴裡，依偎在媽媽身邊的溫度。入住小熊屋後，往後的每一天，室內溫度會慢慢下調，漸進式地讓小熊適應低溫，如此一來，第三階段移到戶外野訓時，零度以下的氣溫，幼熊才不會受凍。

第三天，詹尼亞準備搬家了。卡蒂雅把牠放進木箱裡。早晨室外氣溫低於零下十度，為了避免小熊受寒，搬家的速度越快越好。瓦西里抱著木箱，從育嬰室迅速衝往小熊屋。雖然屋內鋪滿溫暖的木屑，還備有玩耍攀爬的棲架，新環境新氣味還是讓詹尼亞很不開心，牠不斷尖叫，往門口方向爬行，有逃亡的企圖。小熊屋只是中繼站，等到三月底春暖雪融，小棕熊將再搬一次家，住進森林的最深處，與人類隔絕，直到秋天野放為止。

• • •

瓦西里帶我們參觀第三階段的安置場。積雪實在太深，他駕著雪上摩托車，後面拖拉著雪盆，兩個攝影擠在摩托車後座，我抱著攝影機和腳架，縮在雪盆內。還好我不太占空間，對高大的俄羅斯人來說，我的骨架屬於孩童級的，也就是沒有長好，「你媽媽都給你吃什麼？」民宿老闆把我拎起來的時候曾經這樣問過。

摩托車馳騁雪地，地面的冰雪飛濺，打到我的臉上，眼睫毛都結冰了，再加上迎面刺來的樹枝，稍不留神就會劃傷臉龐。雖然圍巾蒙住半張臉面，我還是凍到僵硬，說不出話來，「你還好嗎？」瓦西里回頭大聲問我，「還可以！只是臉要結冰了！」「你是個堅強的女人，再撐一下，我們快到了。」

第三階段的安置場，與棕熊的原始棲地幾乎一模一樣，唯獨四周架有圍網，避免小熊「越獄」，沒有完成野放訓練和評估的越獄行為是非常危險的，還可能致命。在這座天然場域，小棕熊能自由自在地爬樹、玩耍、覓食，探索森林。瓦西里送小熊粥等營養補充品過來的時候，都會穿著同一件衣服，保持同一個氣味，並且用衣帽把臉遮起來，避免與熊眼神相遇，東西放下後就迅速離場。在這個階段，熊與人的接觸越少越好，情感依賴也得慢慢切除，秋天離別的時候，「這對彼此都好，無須互相牽掛。」瓦西里感性地說。

全世界共有二十萬頭棕熊，其中十二萬頭棲息在俄羅斯。在這個地球上最大的熊的國度，每年入冬以後的打獵季節，卻如同一場恐怖血腥的棕熊屠殺。二〇一一年以前，俄羅斯的獵人仍被允許把棕熊從冬眠的洞穴挖出來獵殺！「冬眠熊穴獵殺活動」（Winter Den-Hunting）一度盛行。獵人只需付兩千塊美金，就能合法地牽著獵犬，把棕熊從冬眠的洞穴中吵醒槍殺。

懷孕的母熊在冬眠期間會產下熊寶寶，當母熊遭殺害，幼熊大多被送進馬戲團、寵物店，或者隨意丟棄任由牠們自生自滅。每年的一月到二月底，是幼熊出生的季節，失親的棕熊寶寶被發現以後，就會從俄羅斯各地，送到帕基特諾夫的棕熊孤兒院照養。有被發現算幸運了，還有更多的熊寶寶是凍死、餓死在熊穴，就算爬出熊穴，也撐不過零下二、三十度的極凍森林。

這種近距離槍決、行刑式的冬眠熊穴獵殺活動，在瓦倫丁教授和國際愛護動物基金會的努力奔走下，最終在二〇一一年廢除了。從此，俄羅斯的打獵季，延後到每年的四月一號才開始。現在，孤兒院收容的熊寶寶，數量比往年減少許多。「最高峰的時候，曾經一次照顧三十幾頭小熊，」卡蒂雅回憶，「這不是一件好事，越多的小熊孤兒，代表越多的母熊被槍殺。」

• • •

被封為世界棕熊之父的瓦倫丁已經高齡八十四歲。兒孫接手工作之後，老人家慢慢退居第二線。拜訪棕熊之父前，我聽說教授熱愛收藏世界各地的熊玩偶，所以我想帶台灣黑熊布偶送給教授當見面禮。只是，去哪裡找黑熊布偶？我上網搜尋，發現台灣黑熊保育協會距離電視台非常近。我天真地想，黑熊協會應該有賣黑熊紀念品吧？所以就按照地址走到協會辦公室，應門的是執行長王嘯虎。我問執行長，是否有黑熊相關商品可以購買？他說辦公室沒有販售商品。王執行長看我一臉沮喪失望，熱心詢問購買黑熊商品的原因，我告訴他想送黑熊布偶給棕熊之父的事。沒想到王執行長大方表示，我們沒賣但是可以送！他和協會秘書長柯嚴淳翻遍整間辦公室，翻出大大小小限量版的黑熊布偶、相關產品等等，「請代我們向棕熊之父致意！」王執行長的慷慨相助，我至今感念在心。台灣黑熊保育協會的創辦人兼理事長是被封為「黑熊媽媽」的黃美秀老師，我與美秀老師和台灣黑熊保育協會的深厚緣分，原來，是棕熊牽的線。

「這是台灣黑熊。」我送上黑熊娃娃，八十多歲的老教授像孩子看到新玩具，張大眼睛笑開了嘴。他拿起禮物端詳許久，心滿意足地把新貨放在收藏架上。那一整面壯觀的「熊架」，廣蒐世界八種熊的玩偶、擺飾、公仔，看到台灣黑熊擺上去陳列，我有種莫名的成就感。

「您以前曾經是西伯利亞的獵人，從獵熊人轉變成救熊人，這是非常戲劇化的人生轉變啊！」我的問題，教授微笑了，他溫和地說：「我們不再需要靠打獵獲取食物求得溫飽，打獵現在變成人們的嗜好，人類已經把狩獵當成娛樂休閒。我跨出很大的一步，做出改變，放下獵槍，回到學校，接受生物學教育。」開始研究熊之後，瓦倫丁被這個巨大聰慧的物種吸引，取得了學位，他到國家公園工作，並發現當母熊遭獵人槍殺，失怙的棕熊寶寶將面臨生死危機。他決定離開西伯利亞，舉家遷至西北森林一座荒廢五百年，沒電力、沒道路的古老村落，成立棕熊孤兒院，在獵殺棕熊合法的世界，築起最後的庇護所。

瓦倫丁教授救援野放的棕熊，百分之七十都能平安存活，甚至繁衍下一代，「幼熊成功存活的方法是什麼？」我很好奇，「幼熊一定要害怕人類，要保持完全野性。棕熊是非常社交的動物，牠們擅長溝通，如果牠們和人類太過親近，就不會害怕人類，這將危及牠們的生命。」棕熊之父強調，熊寶寶不是寵物，人類更不能自以為是地認為自己和熊能夠成為朋友。孤兒院的角色，是在幼熊無法獨立存活的階段，給予適當的照護，同時不讓小熊過度依賴人類，失去求生本能。

• • •

暢聊一個上午，離開前，我緊緊握著老教授的手，激動地說：「您證實了一個人，一個人的力量，能夠改變一個物種的命運！」教授回握我的手：「謝謝你遠道而來，希望你們平安回到台灣，並且把棕熊的困境告訴大家。」他也熱情邀請我們參加家宴，再過兩天，就是他和太太斯維拉娜（Slvetlana）

結婚六十週年的紀念日，他準備親自下廚。大家都說我們有口福了，這幾年老教授因為視力衰退，已經很少下廚，只有在重大節慶場合，才嚐得到老人家的好手藝。

斯維拉娜是位溫婉親切的老奶奶，講話輕輕柔柔，她說，當年瓦倫丁求婚的時候，承諾帶她去看聖誕樹，她好心動，一口答應嫁給這個浪漫的男人，想馬上跟他走，沒想到，說好的聖誕樹卻遠在西伯利亞。十八歲的斯維拉娜隨著瓦倫丁深入西伯利亞獵熊，後來又輾轉搬到西北森林，靠著一鍋麥片粥，養活一大家子和一群小熊。她說，丈夫所有的心力，全投注在小棕熊的照護，對吃什麼從不在意，也沒意見，所以她早晚都煮一大鍋燕麥粥，人和熊吃一樣的粥。在無人的村落，過著簡樸克難的生活，拿起鋤頭耕作，「忽然間就變農婦了！」但斯維拉娜從不後悔，她懂丈夫的理想和家族的使命。

要安穩過冬，存糧才是生存王道。在深雪覆蓋的西北森林，有將近半年沒有新鮮蔬菜水果可吃，卡蒂雅會用秋天採集的水果，做成熊果汁在冬天飲用。

3 冰凍森林的遺世生活

雖已近早春，森林裡的氣溫多半低於零下二十度，連攝影機也受不了，電池結了厚厚的冰。我們盡可能把機器包在衣服裡頭「暖機」，不怕人凍壞，只怕攝影機凍壞了罷工。這一天，瓦西里提議冰釣，為晚餐加菜。他和父親謝爾蓋一人駕一輛雪上摩托車，車後綁著雪橇，拖著我們三個和卡蒂雅，沿途行經大大小小的湖泊。凍結的湖面，鋪展出向冰雪女王借道的白色公路。

我們先在一片林地前停車，謝爾蓋拿出電鋸，鋸下一棵樹。我問卡蒂雅，砍樹的目的是什麼？她告訴我：「俄羅斯的冬天非常寒冷，野生動物很難找到食物，要存活很困難。這附近有很多麋鹿，樹皮是牠們的主要食物，所以我們會把一些樹砍倒，讓牠們吃到樹皮，才有更多存活的機會。我們還會擺放特製的鹽給動物吃。這塊特製的鹽，富含豐富的礦物質，野生動物需要攝取礦物質。」原來，帕基特諾夫家族守護的不只是棕熊，他們盡其所能，照顧其他物種。

卡蒂雅還順道更換自動監測相機的電池和記憶卡，她在森林周圍都架上相機，記錄生態，以及追蹤棕熊野放以後的情況。「我們想知道誰住在我們附近。」卡蒂雅不改幽默地說。幾天前，透過自動相機的影像，她看見一頭懷孕的母鹿，四處找樹皮吃，所以她今天才特別過來砍樹、擺鹽塊，為母鹿補充養分。而最大的震撼和驚喜，是相機捕捉到野放棕熊的畫面，有一頭母熊帶著三隻幼熊，在森林散步。「你看你看！黃色耳標，我們掛的，真的很神奇！」卡蒂雅指著電腦螢幕情緒激動：「這是我們十年前野放的熊，到現在還住在森林附近，牠已經十歲，生過三胎，每胎都有三隻幼熊。對野生的棕熊來說，十歲算是很長壽的年紀，這證實我們的照護工作成功了。這頭野放的棕熊，那麼健康，體態那麼良好，所有努力都值得了。」是啊！那些半夜餵奶、洗澡、按摩，無眠的日日夜夜，看著小熊一天一天成長獨立，眼前這個畫面，是最豐盛的回報。

•••

例行工作完成之後，瓦西里挑了一個漁獲較多的湖口停下來。我們其實來晚了，湖邊已經坐了好幾個冰釣的居民。大夥兒坐在小凳子上，手握釣桿，碰運氣，磨耐性。卡蒂雅說，這座湖深二十七公尺，冬季結冰時，居民都會到這裡釣魚。冰釣不複雜，拿工具在湖面鑿出一個冰眼，鑿洞時，旋轉出來的冰屑極像刨冰，接著把釣桿伸進小洞，然後，等待。「你的晚餐在我手裡。」卡蒂雅對我眨眼睛，調皮地說。蹲在冰上大半天，魚線沒半點動靜，瓦西里耐不住性子，冰眼越鑿越多，湖面坑坑巴巴，終於一條小魚上鉤了。零下二十幾度的低溫，釣離水面的魚瞬間急凍，變成魚冰棒。「這就是我們全家的晚餐，還要邀請朋友過來吃飯！」這當然是卡蒂雅的玩笑話，小魚其實別有用途。小魚當餌，放回冰洞，引大魚上鉤，洞口用雪覆蓋起來，等隔天再來查看有無漁獲。

冰釣的運氣成分比較多，要安穩過冬可不能全憑運氣，存糧才是生存王道。特別是在深雪覆蓋的西北森林，零度以下的生活，每年長達六個月。將近半年的時間沒有新鮮蔬菜水果可吃，卡蒂雅會用秋天採集的水果，做成熊果汁（Bear Juice），在冬天飲用。「取名為熊果汁是因為每年夏天和秋天，我們會買很多蘋果餵熊，同時也拿一些蘋果做成果汁。既然是拿熊的食物來做果汁，乾脆就叫它熊果汁。」

除了一缸一缸的熊果汁，卡蒂雅還帶我參觀「逃難規格」的地下室，裡頭堆了一座可以餵飽整個軍隊的馬鈴薯山，還有各種醬料的囤貨，瓶瓶罐罐，實在壯觀驚人。從醃黃瓜醃白菜，到吃沙拉搭配的青菜醬，吃義大利麵淋上的洋菇醬、番茄醬……「天啊，你秋天肯定很忙吧？」「何止秋天！從春天就要開始規劃，安排夏天秋天要做哪一種醬，一定要按部就班執行，才來得及過冬，」卡蒂雅很有條理，「這就是零度以下的生活啊！」她笑著說：「現在戶外是零下十八度，不算太糟，比昨天溫暖呢！昨天零下二十四度，上星期零下三十度，你們已經很幸運啦！」

看她一副森林住民的老練模樣，「你確定你是莫斯科來的城市女孩嗎？」我故意逗她。「是我本人啊，哈囉大家好！生命真的很有趣，你根本不知道自己會出現在哪，或是會嫁給什麼人。」確實，愛情教人失去理智，嫁給森林裡照顧熊的男人，卡蒂雅從此不再眷戀莫斯科的繁華。她說：「當我看到他的大手抱著小熊，我深深感動，心都融化了。」交往初期，卡蒂雅每個週末開車往返莫斯科和棕熊孤兒院，因為謝爾蓋要照顧小熊，走不開，她耐不住相思，明明單程要七個小時，卻當作隔壁村跑。「愛正濃啊，當時真的太瘋狂。」就說是那對眼睛的魔力吧！

謝爾蓋年輕的時候，穿獵裝的挺拔帥勁，像極了電影裡的齊瓦哥醫師。從小跟著和父親獵熊，謝爾蓋長大以後，同樣追隨父親的腳步，攻讀生物學，「從前打獵是人們生存的方式，現在是玩樂，玩弄大自然。棕熊孤兒就是最大的代價，人類造成的代價。」謝爾蓋用了「玩弄」兩個字，顯見他對休閒娛樂的狩獵極度不認同。他的兒子瓦西里拿到生物學位之後也回鄉分擔照護工作，「這是傳承的工作和家族的使命。」瓦西里告訴我，只要身上流著帕基特諾夫家族的血，時間到了，森林就會召喚你的靈魂。「許多人問我，保育是工作還是生活，我想，對我們家族來說，這是生活，不是工作。珍愛大自然，與自然和平共處，把大自然留給下一代，這是我們最想傳遞的訊息。」

•••

今晚盛大的家宴，女主角斯維拉娜換上美麗的衣裳，在客廳等待，今天她是女王，只需動口不用動手。瓦倫丁教授瞇著眼，在爐台前油煎他的拿手菜，俄羅斯煎餅。謝爾蓋和瓦西里父子在戶外烤肉，瓦西里的三歲兒子興奮地跑來跑去。「在台灣，你們烤肉都烤什麼？」瓦西里問。我歪著頭想，「噢，什麼都烤啊，天上飛的地上爬的水裡游的，你想得到、想不到的都可以烤！」我還告訴他中秋節全民烤肉的盛事，他瞪大了眼，直說長知識了。餐桌上，四代同堂圍坐，外加遠從台灣來的客人，老教授非常開心，一下親親老婆，一下親親孫子、曾孫子，也給我一個大大的擁抱。飯後卡蒂雅提議，由斯維拉娜帶著大家唱歌。斯維拉娜的嗓音極美，唱起俄羅斯民謠，有種說不出的廣闊悲涼，或許，民族的文化歷史，有太多死生契闊。

幾杯下肚，大夥兒情緒開始沸騰，歌謠一首接著一首唱，「現在我們要唱離別曲，祝福你們一路平安，希望未來能再相見。」帕基特諾夫家族這番話，我眼眶泛紅。我是多麼多麼地幸運啊，能在天涯海角遙遠的俄羅斯小村，與這個充滿愛的棕熊家族相遇相識，留下到訪的記憶和足跡。屋外細雪紛飛，屋內爐火炙紅，這個美好的白色夜晚，多年後憶起，心裡還是很甜。

4 路邊林立的棕熊墳場

在路邊的棕熊墳場，生命的價值是秤斤論兩、廉價不堪。即使已經失去生命，棕熊標本的表情、神態，瞬間凝結的驚恐悲傷，卻真實鮮活的讓人心痛。

體長可以到二・八公尺，體重最多四百五十公斤的棕熊，是陸地最大的肉食性動物之一，也是世界八種熊當中排名第二大，僅次於北極熊。過去五百年來，棕熊已從十七個國家滅絕，包括大部分的歐洲、北非、中東和墨西哥中部，但是棕熊的數量尚未符合國際自然保護聯盟的瀕危物種標準，在北美、北歐、日本和俄羅斯，棕熊被視為可以大量捕殺的狩獵動物，在俄羅斯境內的高速公路兩側，就能輕易買到整張熊皮，甚至整頭熊。

我們告別棕熊孤兒院之後，往機場方向駛去，公路兩旁是一攤接一攤的棕熊標本攤，算一算，一條路至少有七個攤位，有各種大小尺寸的熊皮，也有各種動作表情、或站或坐的棕熊標本，列隊供顧客選購。我原擔心攝影機拿出來會激怒業者，計畫悄悄下車，用GO PRO偷拍，記錄駭人景象，沒想到，業者的態度光明磊落，甚至比OK手勢示意我可以盡量拍，「這是，真的熊嗎？」我明知故問，「是的，純熊皮製品，你可以摸摸看。」

我撫摸攤平在車子引擎蓋上的整張熊皮，心裡直發酸，一萬五千塊錢盧布，差不多七千多塊台幣，即可買下整張熊皮，還能殺價；幼熊標本台幣一萬八，成熊兩萬五，在路邊的棕熊墳場，生命的價值是秤斤論兩、廉價不堪。即使已經失去生命，棕熊標本的表情、神態，瞬間凝結的驚恐悲傷，卻真實鮮活的讓人心痛。雖說在俄羅斯，獵殺棕熊、販賣熊皮製品全屬合法，我禁不住悲傷，尤其想到帕基特諾夫家族傾盡全力搶救棕熊……保育的速度，永遠追不上破壞的速度啊！

除了合法獵殺，棕熊面臨最大的生存危機還包括棲地的消失，「我們很快將沒有森林了，這真是一場災難。」一次，卡蒂雅載著我們到一小時車程外的小鎮，購買小熊床鋪使用的木屑，途中許多輛載著木頭的大型貨車，呼嘯而過。我們半路停車，試圖拍攝這些運送木頭的車輛，車內的彪形大漢很不開心，衝下車伸手擋住攝影鏡頭，怒道：「不要拍！」俄羅斯擁有地球四分之一的森林，比亞馬遜雨林更遼闊，這個橫跨歐亞兩陸的世界之肺，廣達一千兩百萬平方公里，面積比中國大陸和印度加起來還要大，但是每年砍伐消失的林地超過兩萬平方公里，將近半個台灣的面積，獲利兩百億美金。「伐木是很好的生意，主要目的就是賺錢，不計代價。」卡蒂雅非常憂心。

人類的慾望，毫無止盡地鯨吞蠶食熊的棲地。會不會有這麼一天，當棕熊離開庇護所，野放之後卻發現，牠根本無家可歸?!人類要滅絕一個物種非常容易，但是要保育、復育，卻得付出好幾倍的心力，甚至好幾代的努力。一個家族，試圖改變一個物種的處境，聽起來好像很傻，但是帕基特諾夫家族無悔無懼，對生物生態不求回報的付出，令人感動與感佩。

我信守對教授的許諾，把棕熊孤兒的處境告訴地球另一端的觀眾，在一小時的節目中完整敘述棕熊孤兒院的故事，以及帕基特諾夫家族從獵熊到救熊的生命轉折。我也特別帶著俄羅斯的特產，送給台灣黑熊保育協會致謝，並且分享棕熊之父照養、野放小熊的方法與經驗。這是我一心想做的，希望透過我們的節目，建立起國際保育交流的平台，互相借鏡學習，共同為地球的美好而努力。

• • •

棕熊孤兒院播出的幾個月後，二〇一八年七月台灣發生了保育史上第一起，幼熊在野外與母親失散，經過救傷再野放的「南安小熊事件」。花蓮卓溪鄉的南安瀑布傳出小黑熊和媽媽走失、過馬路的消息，引來大批圍觀群眾打卡。一開始，保育巡查員懷抱希望，期盼黑熊媽媽能回頭找牠，帶牠回家母子團聚。當時才三、四個月大的黑熊寶寶尚未斷奶，身體越來越虛弱，因為肚子太餓，牠甚至吃遊客丟棄的垃圾菸蒂果腹。我當下直覺，黑熊媽媽不會回來了，因為棕熊之父曾告訴我，母熊是最強悍兇猛，保護慾強大的母親，然而當遇上危險，母熊會評估局勢，一旦發現幼熊存活的機會渺茫，牠就會放棄孩子，離開後再生育下一胎。

兩個星期後，果然等不到黑熊媽媽回到現場找寶寶，小黑熊妹丫最後交由黑熊媽媽、屏科大野生動物保育所副教授黃美秀照養，經過九個月的野化訓練，包括覓食，築巢，獵捕，避敵，妹丫終於順利野放回山林，野外架設的自動相機還拍攝到牠安好健康的模樣。這段珍貴的野放經歷，我也幸運地參與小小一部分，因為我可是妹丫迴避訓練的惡人鞭炮手呢！

有幸被美秀老師指派扮演壞人嚇熊，讓熊討厭人類、遠離人類，未來野放的時候，才能平安自保。演壞人當然沒問題，只不過我這輩子沒放過鞭炮！我是那種連仙女棒都不敢點的膽小鬼。以前採訪大甲媽遶境的新聞曾被炮陣炸過，就此對鞭炮心生恐懼，就連結婚之日，我也千叮嚀萬交代，禁止放鞭炮。沒想到，多年之後擔任鞭炮手，簽了投名狀更不能臨陣脫逃，上場前我緊急惡補，攝影夥伴教我怎麼拿打火機燃炮，點著之後怎麼把炮扔出去才不會炸到自己……在空地演練幾次，壯膽之後，我揹著裝滿各式鞭炮的袋子，以「行動火藥庫」之姿，進入黑熊訓練場。

美秀老師透過無線對講機下達指令，要我在樹下多丟一點短炮，多放一些連炮，還有手舉玻璃罐朝天空施放沖天炮……用炮陣讓小熊不敢下樹。我顫抖地點炮丟炮，還要騰出一隻手摀住耳朵（我也怕炮聲），攝影師實在看不下去，一把搶過鞭炮，一邊放一邊拍，「惡人無膽！」事後證明，趨避訓練的過程當中，最驚恐的，不是熊，而是我。

這些年，製作拍攝《地球的孤兒》，我記錄、參與野放的動物，從棕熊黑熊、樹懶、石虎，到最近的草鴞、穿山甲、小虎鯨……不同的物種，有不同的觸動、悸動和感動。俄羅斯的棕熊之父和台灣的黑熊媽媽，兩人相隔如此遙遠，付出的心意卻如此相近。透過《地球的孤兒——熊的國度》系列，我把世界各國熊的保育和熊的困境串聯在一起，製播了包括《熊的國度：獵殺棕熊》、《熊的國度：台灣黑熊生存保衛戰》以及《熊的國度：北極熊世紀末滅絕倒數》節目。「希望節目能完整收錄世界八大種熊！」棕熊之父和黑熊媽媽期許鼓勵我。

世界八大熊

熊是現存陸地上最大的食肉性動物，全世界共有八種熊（只有非洲、澳洲、南極大陸沒有熊），按照體型大小分別是北極熊、棕熊、美洲黑熊、貓熊、懶熊、眼鏡熊、亞洲黑熊和馬來熊。一頭北極熊最重可達八百公斤，馬來熊八十公斤，最大和最小的熊科動物，體重相差十倍。台灣黑熊屬於亞洲黑熊的亞種，身長一百一十到一百九十公分之間，成年雄性六〇至二〇〇公斤，雌性三五至一四〇公斤，最明顯的特徵就是胸前V字型白斑。八種熊族群，已經有六種被國際自然保護聯盟紅皮書列為易危。

5 附記：看見長頸鹿的眼淚

因為人類，犀牛被挖掉尖角，黑熊中套索斷掌斷趾，大象被鐵鏈磨得皮開肉綻，長頸鹿被活活勒死割肉……。請停止對動物的酷刑，停止讓動物流淚吧！

因為深感「系列式」的記錄報導極富教育意義，《熊的國度》系列製播完畢之後，我又投入製作《貓的消失》系列，深入探討世界各國貓科動物瀕危的原因。這系列包括《貓的消失——殞落的神祇：搶救瀕危美洲豹》，《貓的消失：石虎的生與死》，《貓的消失：萬獸之王辛巴的最後戰役》，橫跨兩個年度，三個大洲。我們長征地球最大的濕地，南美洲巴西的潘塔納爾濕地，從美洲最大的貓科動物：美洲豹開始探討，接著回到台灣山林，審視人類與石虎的共生關係；最後飛往非洲，揭開獅子在短短四十年內消失九成的秘密。

為什麼選擇以「貓」為主題？因為，地球上幾乎所有類型的生態系，從高山到草原，從濕地到沙漠，都有貓科動物的存在，生活領域和人類高度重疊，引發的衝突也最激烈複雜。地球現存的四十種貓科動物當中，超過一半面臨滅絕的危機。作為食物鏈頂端的物種，貓的消失，代表我們所處的環境正在發生巨大的改變。國際保育組織也已經把貓科動物的瀕危處境，視為地球的重大危機。試想，如果濕地沒有美洲豹，山林沒有石虎，草原沒有獅子，甚至沒有犀牛沒有大象沒有長頸鹿，那麼我們到底還剩下什麼？當其他物種都滅絕了，人類又能安然無恙嗎？

哪天能拍完四十種貓科動物？此般志向似乎有點不切實際，在現階段，時間、人力、經費都不足，唯一足的，應該只剩熱情、鬥志和毅力。近乎固執的堅持，是推動前行的最大燃料和動能，讓我們在不可能中拚搏出更多的可能。

• • •

就像今年三月初，不知道哪來的勇氣，我和團隊飛往非洲肯亞的馬賽馬拉國家公園拍攝獅子。三月正式進入幼獅出生的高峰期，但當時新冠肺炎的疫情剛開始擴散，感染者大部分集中在亞洲，北非確診僅三例，肯亞病例還是零，我用科學數據讓兩個攝影安心，只是非常時期出國，親朋好友全投反對票，我卻一心惦念著獅子還沒拍。最終，我們還是按照原定計畫出發了，倒是沒什麼天人交戰，我們三個都有共識：肯亞國家公園的拍攝許可申請好久才下來，預付的拍攝費用都是天價……都走到這一步，小心謹慎就是了。

於是，口袋、背包和行李箱都塞進口罩，酒精分裝好幾瓶，打算噴出一條生路。出發前，同事還幫我們湊口罩，湊酒精。我們一進到桃園國際機場，真不敢相信自己的眼睛，空蕩蕩的機場大廳，空蕩蕩的 check-in 櫃台，這輩子從沒見過機場空曠成這樣。史上第一次通關如此快速！航空公司的櫃台人員看到我們攜帶大堆攝影器材，好奇詢問：「你們這個時候去非洲幹嘛？」「拍獅子。」我戴著兩層口罩，說話有點不清楚，「喔。」沒聽到什麼驚天動地可歌可泣的答案，他似乎點失望。

其實，打從踏進機場起，我兩層口罩就沒離開過臉面，即使整架空機就像私人包機，口罩依舊戴滿戴好。入座之前，先用酒精把椅子、桌子、扶手、銀幕、遙控器、窗台、安全戴扣環……仔仔細細噴過一遍，凡是手摸得到的地方全部消毒，怪異行徑引來空姐空少的側目。我們在曼谷轉機，候機過程我也沒拿下口罩。再次登機前，第一層口罩先丟掉、更換新的，神經質地擔心交叉污染。航程第一段，從台灣到曼谷的幾個小時還能忍受，第二段從曼谷到肯亞奈洛比機場，痛苦指數就很高。十個小時，不吃不喝不尿（聽說廁所密閉空間，感染風險高，阿中部長都建議「包紙尿布」搭機了）。儘管快窒息，我還是努力讓自己入睡，還特意戴上眼罩，避免睡著後，無意識亂揉眼睛壞事。折騰許久，終於抵達非洲。穿戴伊波拉病毒等級防護衣的檢疫小組上了機，要求我們通通不准下機，等到機艙內量完體溫，檢查完護照才能放行。

出關後，前來接機的解說員看見我們如臨大敵全副武裝，大笑說：「瑪琳娜你口罩可以拿下來了，你嚇到大家了！」回想在肯亞機場戴兩層口罩，勤噴酒精，確實招來不少白眼，不只櫃台人員極度不友善，還有一個持英國腔的女性旅客故意插隊，我請她排隊，她竟然暴走，瞪著我大罵：「You don't get to talk to me.（你沒資格跟我講話）！」我也不是吃素的，立刻回敬：「I feel sorry for you, you don’t even have basic manners.（我替你感到難過，連個基本禮貌都不懂）！」她氣壞了，不停碎念：「排什麼隊！你們有急到尿褲子嗎？」因為對疫情的不了解而遷怒亞洲人，因為對疫情的輕忽而歧視自我防護的人，病毒之前，人心人性，顯露的更加赤裸鮮明。

回到台灣一週之後，疫情開始在非洲蔓延，肯亞國家公園巡守員透過通訊軟體告訴我，我們是最後一批訪客。在我們離開之後，國家公園關閉了，接著國境也關閉了。感謝主，讓我們平安健康地歸來，讓我們拍攝到許多珍貴的、震撼的、難堪的、警世的畫面。我們成功追蹤到兩個大型獅群，追蹤到幼獅，還遇見一頭淚流滿面的長頸鹿。

• • •

這幾年拍攝《地球的孤兒》，我拍過大象的眼淚，犀牛的眼淚，黑熊的眼淚，卻沒想過，長頸鹿也會流淚。我這輩子沒見過長頸鹿淚如雨下，直到這一天。一頭五公尺高的長頸鹿，擋在我們車子前面不肯離開，拚命掉淚。仔細看，原來牠的脖子被斷掉一半的鋼索纏住，勒得牠眼淚直流。擋車，應該是向我們求救吧！盜獵者把鋼索綁在樹上，等長頸鹿靠近吃葉子就會被套住，緊緊勒住脖子，直到窒息死亡為止。

盜獵長頸鹿做什麼？為了，吃－牠。真有人吃長頸鹿，而且很多人。盜獵叢林肉（Bushmeat），也就是野味，已造成非洲長頸鹿的數量在過去三十年間減少近四成，尤其是肯亞的馬賽長頸鹿，被人類吃到瀕臨絕種。半數以上的馬賽長頸鹿已經消失，距離滅絕只差一步。二〇一九年，國際自然保護聯盟宣布，馬賽長頸鹿「瀕危」，或者說，被吃到瀕危。長頸鹿很少發出聲音，也很少被特別關注，科學家形容，這是非洲草原上，古老巨獸的無聲滅絕。

眼前這頭哭成淚人兒的可憐長頸鹿，算是少數能掙脫陷阱的幸運兒。我和牠的汪汪淚眼對望，心痛到無法言語，呼吸困難。對不起，我對牠道歉，是我們人類害你承受如此巨大的痛苦。因為人類，犀牛被挖掉尖角，黑熊石虎中套索斷掌斷趾，大象被鐵鏈磨到皮開肉綻，長頸鹿被活活勒死割肉……。請停止對動物的酷刑，停止讓動物流淚吧！

當下我們立即通報值班的巡邏員。巡邏員帶著獸醫趕回現場，卻找不到長頸鹿。接下來的好幾天，巡邏隊不停搜尋，來回找了一個星期，終於找到牠。經過吹箭麻醉，纏在長頸鹿脖子上、斷掉一半的鋼索總算順利取下來了。牠踏著輕盈的步伐，幾乎是跳著離開。謝謝國家公園的巡邏隊長艾弗烈德（Alfred Bett），天天被我奪命連環 call 追問進度。艾弗烈德帶隊不眠不休找了好幾天，當他傳來長頸鹿找到的消息和照片，我感動地當場飆淚，開心地睡不著覺。牽腸掛肚好幾天啊，終於有好消息從地球的另一端傳來。但是樹上地上的鋼索陷阱，是拆都拆不完的，艾弗烈德辦公室旁邊的小房間就堆滿超過五萬個陷阱。這座鋼索堆成的小山，都快比一百六十一公分的我還高了！全都是巡邏隊幾年下來，在國家公園內發現拆除的。如果這些奪命索沒被拆除呢？那就是有五萬頭動物要受害了！想到這，我不寒而慄。

回想那天，長頸鹿擋下我們的車子不肯離開。我真心相信，牠是要透過我們，傳達訊息。我把流淚長頸鹿的故事po在我的臉書，短短幾天，分享次數已經超過一萬一千次，成為網路流傳的超級病毒。也就是說，成千上萬的閱讀者，透過我的文章，看到、知道，長頸鹿正在被殘忍地屠殺，正在從地球上靜默地消失。其實當天故事和照片一po出來，立刻有香港和新加坡媒體透過臉書與我聯絡，詢問可否採訪與轉載，接著各國媒體，從英國到馬其頓，也採訪我關於長頸鹿落淚的來龍去脈，並且刊出報導：「The incident was shared on Facebook by TV presenter Pai Shin-I, of Taiwan's

EBC News, Orphans of the Earth, during a visit to Kenya in Africa.（白心儀在臉書上分享長頸鹿落淚事件，她是台灣東森電視台《地球的孤兒》節目主持人）。」

國家公園的巡邏員和動物學家都告訴我，幾乎沒有電視台或者紀錄片團隊拍攝過長頸鹿落淚的瞬間，也或許是這樣，才引發國際媒體注意。雖然目睹長頸鹿的眼淚無比心痛，但是長頸鹿被盜獵濫殺的真相能夠被世界關注，喚醒更多的良知，也算是不幸中的大幸。而台灣媒體對保育的努力，也藉由這次的長頸鹿救援事件，讓全球看到了。

馬賽長頸鹿

鋸齒狀斑紋的馬賽長頸鹿源自東非，主要棲息於肯亞和坦尚尼亞，是世界上體型最大，也是最高的長頸鹿亞種。長頸鹿有九個亞種，馬賽長頸鹿曾經是數量最多的一種，但是在過去三十年來，因為盜獵和棲地流失，數量已減少將近一半。國際自然保護聯盟在二〇一九年正式宣布，馬賽長頸鹿目前已經瀕危。

第四章
斯里蘭卡／大象孤兒院

1 守護大象的小鎮家族

這個地球的古生物，被迫參與人類的戰爭，農事，伐木，宗教，甚至娛樂，但是隨著亞洲人口的成長和經濟的發展，大象的數量越來越少，甚至瀕臨滅絕。

這幾年走訪的動物庇護所、孤兒院，收容中心，創辦人、經營者都來自民間，一個人或一個家族。原來，一個人，一個家的力量並不有限，還有可能無限延伸。在斯里蘭卡的小鎮，也有一個家族，號召了世界，扭轉亞洲象的命運。

爸媽曾經從斯里蘭卡帶回來一只亞洲象的木雕。如同從哥斯大黎加買回來的大嘴鳥玩偶一樣，這些紀念品，掛在牆上記不清多久了，卻在多年以後，在父親離開以後，我和木象才產生連結。

• • •

兩千六百萬年前，地球上存在三百五十種大象，現在只剩兩種，非洲象與亞洲象。亞洲象的體型和耳朵比非洲象小，亞洲象的體長，包含象鼻和頭部，最高六．五公尺，體重最重四千公斤，而非洲象可以長到七．五公尺，七千公斤。此外，亞洲象性情溫和，比較容易馴服，人類馴養亞洲象已經有上千年的歷史，這個地球的古生物，被迫參與人類的戰爭，農事，伐木，宗教，甚至娛樂，但是隨著亞洲人口的成長和經濟的發展，大象的數量越來越少，甚至瀕臨滅絕。

盜獵濫殺、森林砍伐、棲地萎縮、氣候變遷、旱災飢荒……在我們的星球，平均每十五分鐘就有一頭大象死亡，五分之一的大象是孤兒。過去的一百年來，亞洲象已經消失九成，僅剩的一成需要人類放手，讓出生存空間。二〇一七年二月，我決定走訪全世界亞洲象密度最高的國家：斯里蘭卡，希望解開象群大量消失的秘密。

古名「錫蘭」的斯里蘭卡，是孤懸在印度洋的佛教國家，人民相當溫和。記得行程某一天，我和兩個攝影站在街角等車，一個坐在路邊和朋友喝茶聊天的阿伯突然起身，把椅子讓出來，以手勢示意，要我坐下來等。這份對陌生人的善意，多麼珍貴美好啊！我們這趟的目的地，是一個名為凱格勒（Kegalle）的小鎮。凱格勒位在斯里蘭卡西南方，距離首都可倫坡大約兩個半小時的車程。凱格勒的 Kuruwe 族人，千年以前就開始幫國王訓練大象和象伕。

鎮上的薩瑪拉辛赫（Samarasinghe）家族，在六〇年代也曾養過大象，男主人山姆（Sam Samarasinghe）非常喜愛動物。山姆過世後，後代子孫決定不再圈養更多的象，一九九九年，孩子們以父親的名義設立千禧年大象基金會（Millennium Elephant Foundation），並且把自家十五英畝的土地騰出來，成立大象收容中心，提供救傷和庇護，保育全球數量不到五萬頭的瀕危亞洲象。二十年來，收容中心已經照養超過八十頭象。

收容中心的專案經理潔德（Jade O'Mahony）來自美國，她是一個非常奇特的女子，辮子頭，光腳丫，衣著相當自在。在全年濕熱的國家不穿鞋，踩在地上不燙嗎？況且，路不太平坦、地也不太乾淨……「不穿鞋很棒啦！」潔德大笑著說一旦習慣，鞋子再也穿不回去了。「你怎麼會找到我們？大多數的外國媒體，都會去拍鎮上另一家大象孤兒院呢！」潔德很好奇，因為收容中心不打廣告，鮮少宣傳。我告訴她，我查了很多資料，做了很多功課，了解收容中心不以觀光為目的，更重要的是薩瑪拉辛赫家族的故事，讓人感動感佩。

• • •

就在我們架設器材，準備開拍的時候，一名當地員工走過來告訴潔德，他要出發去看「Perahera」。「Perahera」！聽到這個字，我像觸電一樣跳起來：「在哪？在哪？」「在可倫坡。」「可倫坡！天啊，我才剛從可倫坡過來！」我立刻陷入天人交戰，回頭的話，又是五六個小時的車程，不回頭，即錯過可遇不可求、千載難逢的畫面。Perahera 是佛牙的巡遊慶典，我知道斯里蘭卡中部的佛教聖城「康堤」，每年七八月會舉辦佛牙舍利巡遊，沒料想，二月的可倫坡，滿月之日也會舉辦，這是網路上查不到的，因為陰晴圓缺的日期也不一定，而我們抵達的這一日，正逢滿月。「你說衝我們就衝！」兩個好搭檔看出我的顧慮，知道我不捨攝影們舟車勞頓，「那就……衝吧！

既然都來了！」

我立刻找這位準備前往可倫坡的員工商量，包他的車，請他載我們來回，「可以是可以，但是我的車很小啊，來回塞車可能要六個小時喔，你們會很不舒服。」「沒關係，只要到得了回得來，其他都不是問題！」再不舒服也要忍耐啊，臨時上哪去包車！我們把器材塞進他的小轎車，後車箱勉強蓋起來，就這樣，又往可倫坡駛去。一路狂飆趕在慶典開始前半小時抵達，街道兩旁已經擠滿觀禮人潮，象伕們正忙著為參加遊行的大象做最後裝飾。因為是臨時起意，我們事先沒有申請拍攝許可，只能心虛地站在後面躲躲藏藏，後來好幾家地方電視台都來了，我們趁亂混進記者群，跟著往前衝，一路挺進官員政要的觀禮台，角度滿分！觀禮台旁邊站了大批維安軍警，我們沒被刁難，只有善意提醒：「小心別被大象踩到。」果然，最危險的地方就是最安全的地方。

終於，夜幕垂下，領頭的執鞭隊，把鞭子往地面抽打，發出巨大聲響，驅邪開路，接著，跳舞、打鼓、噴火、雜技，炒熱氣氛，最後是重頭戲，一頭一頭華袍覆罩的象，列隊遊走在古城街道，背載佛牙舍利神龕的象王，金衣銀飾，彩燈花串，最是榮華尊貴。能獲選在Perahera遊行，象徵至高無上的榮耀，但是隱藏在華麗面具之後，是亞洲象被人類馴養超過四千年的歷史宿命。

2

遭棄養的工作象悲歌

收容中心付錢給大象飼主，讓棄養的，傷殘的，沒有勞動價值的象寄養在這照護治療，這樣的作法完全不合常理，我難以置信，竟有這種佛心的救援機構。

前一天折回可倫坡拍攝大象遊行，再回到凱格勒已是半夜。第二天大清早，我們依照約定時間來到收容中心。潔德一看到我，直呼：「Marina, You crazy woman（你這瘋狂的女人）！」瘋狂嗎？好像有點，但是拍攝到的畫面，瘋狂得很值得。

潔德開始介紹中心裡收容的大象，每一頭象都有難以承受的過往。羅曼妮卡（Ranmenika）是掉落水井的孤兒，農人養大之後，被送到度假村供觀光客騎乘。長年被象鞍勒住造成牠關節血腫子宮受損，跟其他母象比起來，羅曼妮卡顯得格外瘦小。看上去總是一臉笑意的朗尼（Rani）同樣是孤兒，牠在叢林和媽媽走失。六歲的時候，被斯里蘭卡總統當成禮物贈與佛寺，從此日日夜夜被拴在神柱，直到廟方無力負擔飼養，朗尼才重獲自由。卡巴里（Kavari）也曾在佛寺工作，擁有罕見交叉象牙的牠總是擔佛牙節遊行的象王，一次從階梯跌下摔斷腿，當時國家正值內戰無法治療，留下了永久性的損傷。

還有新成員羅傑（Roger），被送到收容中心的前兩天，總是躲在樹後。羅傑一輩子都在森林搬運木頭，牙齒都磨光了，「伐木商會用繩索綑綁木頭，讓大象咬繩搬運，大象的牙齒會掉落就是因為長年咬著繩子，牙齒掉了之後，牠們沒辦法咀嚼東西，沒辦法餵飽自己，身體狀況開始衰弱、營養不良，再來就是死亡。」潔德告訴我，許多被圈養的工作象，飼主根本沒有經費照顧大象，沒有能力支付伙食、醫療，或者提供更好的待遇。大象就算生病、年邁，飼主還是讓牠們繼續搬木頭，載遊客，「這些工作對大象都是傷害，牠們都是勞動到死。」「很多大象送來這裡，沒多久就死了，牠們太晚被送過來，至少有二十五頭大象死亡來不及救治，有的年紀太大了，有的病得太重……送來都太遲了。」

蒲佳（Pooja）的腳被尖銳的樹枝切出一個口子嚴重感染，長了一個無敵大膿包，獸醫評估後決定切開傷口處理。為了讓三噸重的龐然巨物乖乖就診，餅乾和象伕分頭伺候恩威並濟。幾刀劃下，白色的膿像奶油噴泉一樣爆出來，蒲佳痛得直往欄杆撲倒，人象一番推擠拉扯總算順利完成手術，蒲佳咬著餅乾，一臉委屈地回到牠的專屬小窩。這裡的每頭象都有自己的家，門口掛有門牌和名字。

「這本來是班達拉（Bandara）的家，」潔德指著一處空地，「牠剛剛被飼主帶走，我們不知道牠到底會不會回來，真的很難過。」收容中心裡的大象，飼主隨時可以把牠們帶走，無法拒絕，更沒有商量的餘地，這是工作人員最難以釋懷的情緒。

「收容中心怎麼救援呢？」

「我們每月付錢給大象飼主，讓我們照顧他們的大象，因為飼主需要來自大象的收入，所以我們付錢給飼主，並且支付象伕的薪水，支付大象的食物和所有的醫療費用。」潔德解釋收容中心的作法。

「這情況很像是孩子送到學校，不但不用繳學費，校方反倒要付錢給家長，還要付餐費，付課本費用，以及所有的開支！」

「你形容的沒錯，就是這樣，我們想要帶走大象，只能這樣做。」收容中心付錢給大象飼主，讓失親的，棄養的，傷殘的，沒有勞動價值的象寄養在這照護治療，這樣的作法，完全不合常理不符邏輯，我難以置信，竟有這種佛心的救援機構。

「當大象遭遇困難，當牠們受傷或者被棄養，這裡就像孤兒院收容牠們，我們能做的，就是幫助這些大象。我們還是會遇到困難，有些飼主送大象過來，但他們是很傳統的飼主，當我們用不同方式對待大象，例如解除大象的鐵鏈，讓牠們自由自在地走動，飼主會感到不安。我們還在努力溝通，教育他們新觀念。」中心內許多大象，背上腳上都有鐵鏈切割的傷口，需要每天敷藥治療。因為飼主的抗拒，纏繞在大象肩頸、綑綁在腳踝的鐵鏈，一時半刻無法全部移除；還有些象，鏈子取下反倒不習慣，覺得少了什麼，變得不會走路了，於是不斷低頭，要求象伕把鐵鍊掛回去。卸除枷鎖，是一場漫長的革命，無形的鎖又比有形的，更難釋放。人與動物皆然。

• • •

在東南亞國家，騎乘大象是再普通不過的觀光活動，但是傳統的騎乘方式，象鞍最少兩百公斤，而鞍座上，最多可坐滿七個成人，算一算，一頭象負重超過七百公斤。長年下來，每天來來回回載客，許多大象的脊椎承受極度壓迫，皮膚被鞍座摩擦造成撕裂傷，甚至出現嚴重內出血……原來，我們的不了解，造成動物這麼大的折磨和傷害！為此，大象收容中心積極推廣「不加鞍座」的友善騎乘方式，一次不超過三個人，一趟不超過十二分鐘，距離不超過三百公尺；此外，用散步取代騎乘，也是收容中心努力宣導的方向，「你不需要騎大象就能體驗和大象相處的時光，你可以陪大象走一走，看見牠們最自然的一面！」潔德說。

和大象一起散步的經驗非常美好，亞洲象是溫馴可愛又聰慧的動物，仔細觀察牠的行為，實在太有趣了，例如當大象把鼻子放進嘴裡咬，代表牠正在思考，就像人類想事情的時候，會捲頭髮，咬指甲一樣。而想近距離觸摸這個地球上最大的陸生哺乳動物，幫大象洗澡也是不錯的選擇。

這天午後，我捲起衣袖褲管，幫沙利亞（Saliya）刷背。沙利亞曾是被圈養在寺廟的大象，當廟方無力再支付牠的開銷，就把牠送到收容中心寄養。我拿著剖半的椰子殼，來回地刷，「你這樣刷太小力了啦！根本在搔癢。」象伕一把搶過椰子殼，示範正確方法，看他猛然使勁的力道，我嚇了一跳，「刷這麼大力不會刷破皮嗎？」「不會，這是象皮啊！」

雖然大象收容中心照養的象不超過十頭，但是這個斯里蘭卡的家族慈善機構，反映出的，是演化六千萬年的亞洲象被人類馴化，從戰爭農事伐木宗教到觀光，鞠躬盡瘁，卻遭受不堪待遇的現實。

斯里蘭卡的國土形狀似眼淚又像珍珠。小鎮家族用愛，試著把大象的眼淚，轉化成珍珠，付出奉獻二十年，努力，還在持續。

3 人象的溫暖連結與衝突

當森林被大量砍伐，棲地變成耕地，人與象之間，也開始為了爭奪生存空間而互相傷害。該怎麼緩和人象衝突，將是保育瀕危動物，最艱難的課題。

收容中心的開支相當龐大，每頭象每天吃掉兩百五十公斤的食物，喝掉兩百公升的水，一日開銷，單是飲食就需要兩千塊台幣，園區內七頭大象，上萬元跑不掉，再加上聘請獸醫定期看診的費用，如果沒有善款和志工的支持，長年下來，僅靠家族的財力，實在很難撐下去。

雖然每筆花費都花在刀口上，但有些錢絕對不能苛刻，例如象伕的薪水。

大象和象伕，是相依相存的生命共同體。一頭象，平均壽命七十歲，幾乎和人類的壽命相當，一個象伕，一輩子就和一頭象一起生活、一起終老，除非誰先走了一步，否則絕不輕易離開對方。因了解大象與象伕之間無可取代的情感連結，收容中心主動支薪，留住象伕。

我曾經聽過一個說法：當一頭象的象伕離世了，這頭象往往要被安樂死，因為大象一生只認一個象伕，很難再接受其他人。而大象的情感豐富細膩，牠們會為了死亡和失去感到悲傷。拉許米（Lakshmi）的象伕前兩年因為癌症離世了。朝夕相處二十七個年頭的親人突然不在，拉許米的眼底總是落寞，心底更容不下新的象伕。收容中心已經為牠更換過二個象伕，但拉許米還是處處作對，時時唱反調，還會故意用象鼻噴水捉弄人，最新的象伕卡魯（Kalu）脾氣相當好，個性憨直，每天都為拉許米祈福，輕拍牠的背和頭，口中唸唸有詞，「希望牠好好睡好好吃，我跟牠說辛苦了，晚安。」「我說的牠都懂。」卡魯有信心，一定能被拉許米接納。

相較之下，沙利亞幸運多了，老象伕歲數大了，現在交給兒子接手。醫學系畢業、在醫院任職醫護人員的尼羅罕（Niroshan）為了照顧從小一起長大，情同手足的象，他心甘情願回到家鄉，延續家族的世襲行業。「牠在跟我說話，用細小的聲音，」尼羅罕懂得大象每個細微的表現和表情，「牠喜歡我這樣拍牠，牠會發出小小的聲音。」「如果你能有其他選擇，你還會選擇做象伕嗎？」明知這問題有點俗氣，我還是想問，「是的。」尼羅罕回答，態度堅定。

那張五官深邃，英挺俊朗的臉，應該讓許多少女心碎吧！「以前我在醫院工作，負責病患的照護，但是我很喜歡跟大象一起生活，而且爸爸真的老了，我又很愛這頭大象，所以願意承擔照顧的責任。」尼羅罕一口流利的英文，氣質出眾，談吐文雅，心思細膩，他特別把椰子樹葉綁成一個點心棒，方便大象隨身攜帶食用。或許，以世俗的標準，醫學院畢業跑去照顧大象是大材小用，但是從尼羅罕真摯的眼神，我看得出來，他的心裡沒有後悔遺憾。那麼，我們局外人又有什麼立場評斷？可不可惜，到底誰說了算？

・・・

象與象伕似家人的深情生死與共，但是，人象關係，也有矛盾與衝突。

亞洲象只有百分之七的公象有象牙，母象幾乎沒長象牙，因此盜獵不是亞洲象滅絕的主要原因，牠們面臨的最大威脅，是棲地的消失。從上個世紀到現在，亞洲象的棲息地已經消失百分之九十五。當森林被大量砍伐，棲地變成耕地，人與象之間，也開始為了爭奪糧食和資源而互相傷害。該怎麼緩和人象衝突，將是保育瀕危動物，最艱難的課題。

斯里蘭卡是全世界亞洲象最密集的國家，也是人象衝突最嚴重的國家。

每一年至少有兩百頭大象，因為破壞農作物、侵入農舍，遭到人類屠殺：下毒藥，設陷阱，甚至槍決。其實，大象破壞人類的農作物情非得已，牠們的原始棲地，如今變成人類的農田、道路、住家，當生活空間被大量限縮，森林又遭嚴重砍伐，缺乏食物的大象要活下去，只能吃農作物。

我們特別前往距離收容中心約三個小時車程的村莊哈巴拉娜（Habarana），哈巴拉娜位於四個國家公園的交界處，也就是傳統的「大象通道」，但是直到最近幾年，居民才開始學習如何與大象和平共處。生態解說員帕帝（Podi）帶我們來到一座佛寺，恰好坐落在大象遷移路線的正中央，寺廟後方的水塘，是象群的日常通道。「大象來了！」聽到越靠越近的宏亮聲響，帕帝示意我們壓低音量，避免驚擾象群，「野生象群以家族為單位，過著群居生活，群體中，領隊當家的是年長的母象，多半是祖母，祖母知道哪裡有食物，哪裡有水源，所有的大象追隨祖母首領行動。」原來，阿嬤象這麼威！缺乏經驗的年輕母象需要阿嬤象的帶領教導，才有機會養活幼象。年歲經驗比青春無敵。

等待象群穿越，我們跟著帕帝拜訪與象共處的農民。剛剛下苗的水稻，大象已經巡過田，單從腳印，居民就能用繩索丈量出象的身高體型。「這些鐵絲都是防止大象進到田裡的。」田邊圍了一圈又一圈的鐵絲，但是大象如果真想跨過去，鐵絲根本阻擋不了這頭龐然大物。眼前的屋舍良田原本是象的棲地，為了和平共處不傷和氣，村民想出一個法子：蓋樹屋，隨時觀察象群的動靜。

我抓住不太牢固的樓梯，小心翼翼爬進樹屋，想看看高處的視野，雖然沒有懼高症，但是隨風搖晃的屋子，教人肉跳心驚。低矮的屋舍只能坐臥，身型稍微高一點的，只有撞頭的份。作物收穫時節，農人住在樹屋長達三個月，或更久，有時還帶著孩子，全家一起住，一個枕頭，一台收音機就是全部家當，「當他們在附近種稻子，一定要留在樹屋，因為大象從四面八方過來，大象會來這邊破壞農作物，如果農人看見大象經過，他們會拿火炬或者鞭炮嚇牠們。」帕帝指著附近的樹屋，這一帶樹屋非常多，匯集成一個小社區，每棟樹屋還架有門牌，標明屋主的名字，方便鄰居找人。

象群一旦靠近，農夫會大聲喊叫：「大象來了，大象來了！」警告其他人，聽到的人也會接續喊下去：「大象來了，大象來了！」一個傳一個，大夥互相照應。村民說，單靠一己之力，難免疏失或鬆懈，因為監看大象需要日日夜夜保持警戒，「只要稍微打盹，稍微睡著，大象就會吃掉所有作物，一整年的辛苦耕作都泡湯了。」一個父親抱著小孩，坐在樹屋前唱歌提神，去年他就發生「不小心瞇掉」的慘劇，滿園子的花生都進了大象的肚子。

• • •

從二〇一二年起，大象收容中心開始把工作重心擺在如何減緩人象衝突，推動人象共生，並且加派志工深入偏鄉學校，透過教育宣導保育觀念。過去，在哈巴拉娜村內，人與象在同一條溪、同一座湖爭搶水源，現在收容中心主動為居民挖井儲水，把河道留給象群。

除此之外，志工還會指導農民在大象出沒頻繁的地區栽種辣椒，因為大象厭惡辣椒的刺鼻氣味；或者，在農舍擺些蜂箱也能發揮驅象的作用，根據科學實驗證明，大象懼怕蜜蜂，蜜蜂的嗡嗡聲會讓牠們加速離開現場。用自然方法取代人為傷害，人象衝突並非無解。

十九世紀末，斯里蘭卡的森林覆蓋率，占了國土的百分之八十四，如今只剩下百分之二十四，林地以每年四萬兩千公頃的面積急速消失。當棲地變耕地，人象之間的生活領域、活動範圍越來越重疊，也越來越難分彼此，象的樣貌，同樣回應環境的演變。

亞洲象擁有長牙的公象，數量不到百分之七，其中斯里蘭卡的象，只有百分之〇．五長出象牙，機率最少。科學家解釋，這是因為長有象牙的公象，大多被人類捕捉馴養，用來參與重要慶典和宗教活動，例如滿月節和佛牙節都少不了大象遊行。馴化的工作象沒有繁殖的權利，更沒有傳下基因的機會，而野生象一旦被捉離森林棲地，幾乎不可能在馴養後野放回去還能存活。亞洲象早在三十年前，已被國際組織列入瀕危物種。但是，三十年過去了，亞洲象的處境依舊危急。

4

黑金變黃金的象糞紙

一個善念，成就生態環境、在地企業、社區發展共榮共存。現在這張結合環保生態、帶動地方發展的紙張，已經成為斯里蘭卡引以為傲的國寶。

拍攝進入第四天的時候，我已經完全「失聲」。我不挑吃很好餵，天天吃一樣的東西絕無問題，在斯里蘭卡，我們還真的天天、餐餐吃一樣的菜色：辣咖哩，辣洋蔥，辣高麗菜絲，辣小菜，辣香料……配餅皮，民宿僅供這些餐食，沒有其他選擇。或許辣過了頭，我的喉嚨被病毒感染，引發急性聲帶炎，一覺起來突然變啞巴，只能勉強擠出一點氣音。

這下可慘了，採訪、主持工作還要繼續啊！沒聲音該如何是好？於是，接下來的幾天，我得貼在受訪者的耳邊，用僅存的氣音，搭配比手畫腳提問，否則對方根本聽不清我到底想說什麼。至於面對鏡頭，只好先無聲無息講述做「STAND」，等回台灣再後製配音吧！還好，我對嘴對得超準，簡直天衣無縫，嘴型、語氣、換氣，完全沒有破綻，畢竟是自己寫的台詞！我們「盲測」許多同事，大家都看不出來，主持人的現場旁白是事後配音的。

然而，硬擠出聲音的後果，就是破嗓和狂咳。為了和受訪者溝通，我用力喊出聲音，伴隨一陣咳嗽，夜咳更嚴重了。那幾天，我完全無法躺著睡覺，因為一躺下，馬上咳到五臟六腑都要咳出來似的，只能坐著睡，一邊睡一邊咳，咳到最深處，整個身體捲曲在一起，眼淚鼻涕流個滿臉，心想不知道能不能熬到天亮；我也不敢跟家裡通電話，只敢打 LINE，怕家人聽到我驚悚的咳嗽聲會跟著擔心。

出門在外我習慣不報憂，報了無濟於事，只多操煩一顆心，更何況，出國採訪病啊痛啊都很正常，尤其拍攝的是野生動物，荒山野地的環境，衛生條件，我和團隊心知肚明，後來我甚至「進化」到邊發燒邊採訪也不會胡言亂語。

例如到哥斯大黎加雨林拍攝樹懶，或許是中暑，突然發燒，整個人熱烘烘頭昏昏，終究意志力戰勝一切，撐到晚上回民宿趕緊吞退燒藥，再用阿嬤的古法，蓋棉被悶汗，第二天起床又是女漢子。但是，這次的病毒感染，留下嚴重的後遺症，我的聲帶變得極度脆弱，動不動就「失聲」、「燒聲」。親朋好友送來各種喉糖、枇杷膏、羅漢果、金桔醬、冰糖燉雪梨……熱敷蒸喉嚨，偏方處方皆不見效，「少說話！」耳鼻喉科醫師看診完結論都一樣。一次錄影前忽然沒了聲音，我衝到診所拜託醫生幫我打兩針，「催聲」無效，第二天再補兩針，終於催出一點聲音完成錄影。然而，要修飾我的鴨嗓，可真難為音控師了。這樣糟蹋身體實為錯誤示範，上帝悲憐，某個機緣之下，我在台東長濱鄉的深山，一位大姊給我護嗓養身的方法，從此我幾乎不再倒嗓。

• • •

在斯里蘭卡倒嗓最嚴重的那一天，是到造紙廠拍攝「象糞紙」。廠房轟隆隆的機器運轉聲，讓我無聲的處境更加艱難，我必須用手壓住喉嚨，才能吐出一個字。幸好工廠經理威哈達（Wibhata）很有耐心和愛心，毫無一絲不耐或不悅的神色，只是不斷地問，你還好嗎？需要開水嗎？我可以為你做些什麼嗎？

造紙廠「麥西慕」（Maximus）和大象收容中心，僅隔一道牆。起初，老闆芮沙辛格（Thusitha Ranasinghe）看到鄰居每天有處理不完的象糞，突發奇想，大象是草食性動物，攝取的植物多達上百種，高纖維的糞便很適合作為原料，乾脆利用象糞製成紙張吧！如此一來，不但能幫助收容中心解決象糞的問題，同時能少砍一些樹木，保護大象的棲地。剛開始賣象糞紙的想法遭受不少冷嘲熱諷，現在這張結合環保生態、帶動地方發展的紙張，已經成為斯里蘭卡引以為傲的國寶，並且成功外銷歐美，年營業額上看百萬美金。這麼有心的業者，這麼創意的發想，即使身體再痛苦也要忍耐啊，務必要把這個極具啟發性的人象共生故事報導出去。所以，我把自己逼到極限。

造紙廠從清晨開始運轉，沒有複雜精密的機器，簡陋的廠房幾乎全仰賴人力。大象收容中心的志工，天亮的第一個任務就是撿拾大象的糞便，趁「新鮮」送到隔壁工廠。撿便便對志工來說，是最難克服的心理障礙。「艾薇兒（Averil），你花多少時間說服自己去撿大象的糞便？」我問這位來自英國，一頭耀眼金髮的甜美志工，「花好幾天吧！一開始很猶豫，眼睛還紅紅的，一直掙扎，到底要不要撿呢？幾天後我就撿了，也沒有什麼味道。現在我身上到處都是便便，直接用手抓也ＯＫ，那又怎麼樣呢？」艾薇兒開懷大笑，堆滿手推車的象糞都將成為造紙原料。

但是，便便也是有分等級的。年輕大象的糞便「品質」比較好，製成的紙張也比較優。工廠資深員工解釋，年輕的大象牙口比較好，可以完全咀嚼食物，所以年輕大象的糞便專門用來製作細薄一點的紙張，至於年歲老一點的大象，因為牙齒都壞了，無法完全咀嚼食物，所以牠們的象糞多半製成厚一點的紙張，或者書本的封面。紙張顏色的深淺，質地的粗細，和大象的年紀牙齒狀態和飲食習慣都有關，主食椰子葉的和棕櫚葉的象，所產生的象糞紙就很不同。

象糞曬乾以後，混合藥草清洗消毒，老員工自豪地介紹，加入苦楝樹葉，用滾水煮沸消毒，徹底殺菌除臭之後，完全沒有異味，接著加入回收紙，象糞和廢紙以百分之七十五和百分之二十五的成分比例，磨碎打成漿液，「紙

斯里蘭卡｜大象孤兒院

盜獵濫殺、森林砍伐、棲地萎縮、氣候變遷、旱災飢荒……過去一百年來，亞洲象已經消失九成，平均每十五分鐘就有一頭大象死亡，五分之一的大象是孤兒。

位於斯里蘭卡西南方的凱格勒，鎮上的薩瑪拉辛赫家族在自家土地上成立大象收容中心，二十年來已經照養超過八十頭象，希望扭轉亞洲象的命運。

二月可倫坡的滿月之日，舉辦佛牙舍利巡遊。一頭頭華袍覆罩的象，列隊遊走在古城街道。但隱藏在背後的，是亞洲象被人類馴養超過四千年的歷史宿命。

中心裡收容的大象，都有難以承受的過往。有的長年被象鞍勒住造成關節血腫子宮受損，有的一輩子都在森林搬運木頭，牙齒都磨光了。

用散步取代騎乘，是收容心中努力宣導的方向；如果想近距離觸摸這個地球上最大的陸生哺乳動物，幫大象洗澡也是不錯的選擇。

一個象伕，一輩子就和一頭象一起生活、終老，不輕易離開對方。因為了解大象與象伕間無可取代的情感連結，收容中心主動支薪，留住象伕。

當大象的原始棲地變成人類的農田、道路、住家，人象之間也會為了食物和資源發生衝突。此處水塘，正是象群的日常通道之一。

為了和平共處，村民想出一個法子：蓋樹屋，隨時觀察象群的動靜。象群一旦靠近，農夫會大聲喊叫：「大象來了！」警告其他人。

象糞紙已經成為斯里蘭卡的國寶。造紙廠拓展成兩百人的規模，連帶創造許多就業機會，特別是婦女，單親的、貧困的，因著一張紙而安頓下來。

台灣｜黑熊孤兒院

黑熊的足跡曾經普遍存在台灣全島林地，現在已大幅縮減到原來的四分之一，加上原本用於捕捉山羌山豬的套索，成了黑熊致命的陷阱，山林變成黑熊的煉獄。

阿里是我看過最悲傷的公熊。大多數時候，阿里都是無精打采的厭世神態。

雖然黃美秀老師說，熊可能是眼睛不舒服才流淚，但我寧願相信，那是阿里的淚水。因為，被禁錮在狹小籠舍的每一天，都像生命的凌遲。

與黃美秀老師（左二）開會。美秀老師是台灣第一個入山研究台灣黑熊的專家。因為她過人的毅力與堅持，今天台灣黑熊的資料庫才得以豐富完整。

二〇一八年十月，我跟隨研究團隊上大雪山，參與黑熊的捕捉繫放，深刻感受到黃美秀老師和研究團隊超凡的體力和毅力。

二〇一八年七月台灣發生「南安小熊事件」。小黑熊妹丫最後交由黃美秀老師照養，經過九個月的野化訓練，妹丫終於順利野放回山林。

這段珍貴的野放經歷，我也幸運地參與小小一部分，因為我可是妹丫趨避訓練的惡人鞭炮手呢！

台灣｜石虎孤兒院

石虎曾經遍布台灣全島的低海拔山地，但現在只剩下四百到六百隻，每年因為雞舍衝突而致命的石虎多達二十到五十隻，如何減緩人虎衝突刻不容緩。

拍攝一年多來，我與石虎最近的距離，是向屏科大收容中心申請一年，記錄斷肢石虎「阿肥」健檢的三十分鐘。

《石虎的生與死》中，記錄三隻失親的石虎寶寶，從照養、訓練到野放的成長歷程。圖為小石虎的獵捕訓練。

石虎兄妹檔。牠們在苗栗公館的水溝被發現時才兩週大，體重比一瓶礦泉水還要輕，需要照養員像奶爸一樣二十四小時照顧。

「獨眼」是特生中心救傷野放的第一隻傷殘石虎，失去一眼視力的獨眼，經過四個月的照養野訓，於二〇一九年十一月野放。

二〇二〇年農曆年後，我跟著育秀團隊到二．五公尺深的蓄水池撿拾獨眼的屍身。過程中育秀很平靜，她說，既然從事生態工作，只能去接受，去習慣。

跟著石虎媽媽陳美汀老師鑽進草比人高的
山徑，尋找石虎的腳印。

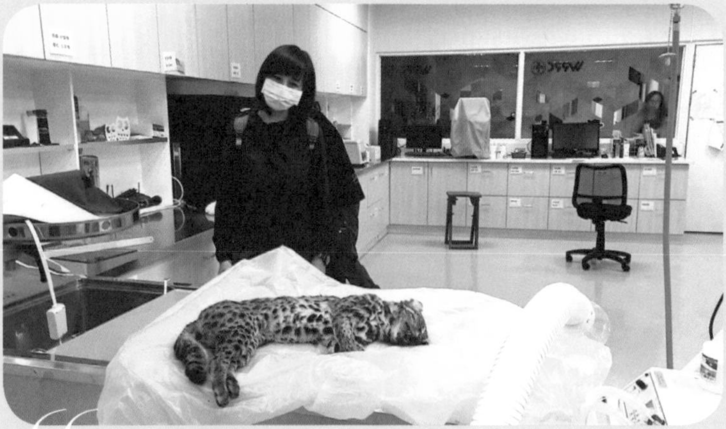

路殺的石虎。明明很危險，為什麼靠馬路
這麼近，靠人類這麼近呢？
不為什麼，因為這裡本來就是牠們的家！

這些年拍攝《地球的孤兒》，我記錄、參與野放的動物，從棕熊、黑熊、樹懶，到最近的草鴞、穿山甲、小虎鯨等，不同的物種，有不同的觸動、悸動和感動。

二〇一九年長征巴西潘塔納爾濕地，我和兩位攝影夥伴搭乘無遮蔽的小船穿梭在濕地流域，每天曝曬超過十二小時追美洲豹。

拍攝到啃咬寶特瓶的美洲豹，讓人不忍與慚愧。

二〇二〇三月初，在疫情陰影下飛往肯亞拍攝獅子，意外拍攝到一頭脖子被鋼索纏繞、流淚的長頸鹿。這張照片引起廣大關注，許多國家媒體紛紛轉載。

五萬個鋼索陷阱堆成的小山，幾乎跟我差不多高了！全都是巡邏隊幾年下來在國家公園內發現拆除的。

二〇一七年登陸地球上最難抵達的南極大陸，拍攝極地生態。

每趟出門，我身上的採訪包常是十五公斤起跳，越冷的地方包越重，因為需要攜帶的電池越多，我負重的裝備，常常超過我一半的體重。

我們今日的所作所為，將決定地球千萬年後的未來。我期許自己能做更多更多。這是終身志業，是媒體責任，更是我能為下一代教育所做的，最大的努力。

每次攝影在前方追動物，我就在後方扛著腳架追攝影和動物。雖然人力精簡、經費拮据、題材小眾冷門，無論多辛苦，我依然堅持拍攝下去。

張製造過程充滿驚喜，就像奇蹟一樣，你將見證奇蹟。只要一秒，紙張就完成了，完全沒有化學成分！」

婦女們兩兩一組，篩漿、脫水、壓榨、擠出多餘水分，生紙晾在竿上最少日曬四小時，最後一個步驟是加工。三十六種繽紛色彩、手感細緻的象糞紙，可以製成上百種商品，書冊、信籤、筆記本和記事簿，婦女們剪紙花，做浮雕，手繪圖，廠房內歡樂滿溢。比起二十年前草創期僅有七個員工，今日的造紙廠已拓展成兩百人的規模，繁榮了地方經濟，連帶創造許多就業機會，特別是婦女，每個女性員工皆是正職，單親的、貧困的，因著一張紙而安頓下來。

• • •

「象糞紙的發想其實再單純不過，只是想幫助大象鄰居解決問題，我們試著讓象糞產生經濟價值，這是我們使用象糞的原因。如果使用一般紙漿，對環境也不友善，因為你要砍掉土地上的一棵樹。如果使用象糞，象糞是百分之百環保，你不會對環境造成傷害！」我們到訪期間，工廠老闆芮沙辛格正好出國參展，經理威哈達代為轉述製造象糞紙的起心動念，「我們老闆的家族過去做的是一般傳統紙張，老闆的朋友剛好是大象收容中心的主人，他一心想為收容中心做點事，包括解決象糞的問題，所以開始研發象糞紙。最開始，象糞紙很難銷售，顧客無法接受，大家都當笑話看，沒人看好；但是慢慢地，顧客開始了解我們的用意，我們試圖解決斯里蘭卡人象衝突的問題。越來越多的消費者認同我們的理念，也有許多國外廠商跨海購買。」

一頭成年象平均每天排出一百公斤的糞便，一公斤的象糞可製成七十二張A4大小的紙張，造紙廠一日產出兩萬七千張紙，等於消耗近四百公斤的「原料」，果真是收容中心的最佳清道夫，最難能可貴的，業者還撥出一部分的利潤給收容中心，照料老弱傷殘的象。一個善念，成就生態環境、在地企業、社區發展共榮共存，人與自然和諧共處，這張紙，再貼切不過。

孤懸在印度洋的斯里蘭卡，馬可波羅形容，是地球最美的島嶼。這座島，因著善念，美麗，永恆不滅。

失業的工作象

一九八九年，泰國政府禁止所有商業伐木，搬運木材的工作象失業以後，因為飼養費用太龐大，有的被主人帶到街上乞討，有的被訓練表演雜技娛樂遊客，或者供人騎乘，觀光事業變成大象的主要收入來源。如今新冠病毒重創全球旅遊業，泰國至少有兩千頭大象面臨失業，象群可能再度被迫流浪街頭，處境堪憂。

第五章

台灣／黑熊與石虎孤兒院

1

憂鬱自殘的斷掌黑熊

台灣黑熊擅長爬樹涉水，奔跑時速快達四十公里，活動範圍廣達五百平方公里，野性狂放的靈魂，被囚禁在方寸之地，熊，能不發瘋嗎？

台灣黑熊也有孤兒院嗎？說沒有，又像有。

二〇一八年，為了拍攝《地球的孤兒——熊的國度》系列，我接連跑了好幾趟特有生物研究保育中心的低海拔試驗站。座落在台中和平鄉烏石坑的低海拔試驗站，其實就是台灣黑熊的孤兒院。試驗站提供台灣黑熊最後的庇護所，許多斷掌斷趾，無法再野放回山林的台灣黑熊，被送到這裡收容照養。這些熊，某種程度，也算是孤兒。

先說阿里吧！我從沒看過這麼悲傷的公熊。大多數時候，阿里都是無精打采的厭世神態。阿里的右後腳只剩下一根趾頭，攀爬能力大受影響，腿上一塊十字傷疤，是牠經年累月自殘抓咬的痕跡。出生幾個月，阿里就被獵人的套索斷趾，還眼睜睜看著媽媽被殺，從此牠對人類有很深的戒心，只要陌生人一靠近，牠就會不安地發出低吼。我們的鏡頭，甚至捕捉到阿里的眼淚。

我曾問過黑熊媽媽黃美秀老師，熊也會流淚嗎？老師說她沒看過，也有可能是熊的眼睛不舒服。但我寧願相信，那是阿里的淚水。因為，被禁錮在狹小籠舍的每一天，都像生命的凌遲。

阿里的鄰居「小熊」，其實是一頭老熊，芳齡二十七歲的牠是特生中心收養的第一頭台灣黑熊。一九九三年，才六個月大的「小熊」，在大雪山區誤入獸鋏，右後腳當場被夾斷，獵人打死母熊之後，把牠帶回去圈養，直到國家公園警察上門查緝，小熊才被轉送特生中心收養。獸醫曾為牠特製一個義肢，剃了毛戴上去以後，小熊不習慣更不喜歡，不停掙脫，還爬到屋簷躲起來。最後，義肢計畫宣告失敗。從此，三腳小熊就一跛一跛地邊跳邊走，很吃力也很痛苦，所以只要可以不用移動，小熊都是趴著坐著。既然能不動就不動，體重過重漸漸變成牠的健康隱憂，「抽血的時候一層油啊！」照養員說。但是幫小熊減肥談何容易，牠甚至不理會周邊的風吹草動，只是張大眼靜靜發呆，照養員拿食物逗牠，牠也懶得湊過來。

特生中心另外兩位「收容熊」，是一對兄妹。哥哥黑皮，妹妹黑妞，都已經十八、九歲了。兄妹倆幼時被人類偷偷從母熊身邊抱走私養，雖然幸運保住熊掌，但是長年囚禁在鐵籠內身心受創，出現刻板行為，個性也變得極端。黑皮被送來特生中心之後異常過動，黑妞卻封閉不安、嚴重自殘，牠總是焦躁地搖頭晃腦，還不時啃咬自己的腳板，啃到皮開肉綻，鮮血直流。「有一次我覺得奇怪，今天的食物有西瓜嗎？為什麼牠吃到嘴邊都是粉紅色的泡泡，後來發覺才嚇一跳，原來牠咬爛了自己的腳板。」訓練員提起黑妞的自殘歷史，眉頭揪結。

‧‧‧

台灣黑熊擅長爬樹涉水，奔跑時速快達四十公里，活動範圍廣達五百平方公里，相當於兩個台北市的面積，野性狂放的靈魂，被囚禁在方寸之地，熊，能不發瘋嗎？

於是，訓練員費盡心思，努力改善熊的沮喪情緒和刻板行為，為黑熊設計行為豐富化的訓練課程，教牠們張開嘴，讓訓練員刷牙，檢查牙齒和舌頭，並且伸出手臂，讓獸醫師找血管抽血。這些課程讓一成不變的生活出現新的刺激變化，希望可以藉此轉移熊的注意力，減輕熊的憂鬱症，「讓牠有思考的機會，多一點調劑，多一點刺激，可能會比較快樂一點。」此外，照養員也會做玩具，藏食物，食物切丁切半，改變餵食方式，增加互動樂趣……但是，這一群再也回不了家的落難黑熊，還是鬱悶悲傷。

在台灣，非法陷阱和非法狩獵不是無法可管，只是法規的管理和執法，均出現漏洞瑕疵。根據國內現行的動物保護法以及野生動物保育法的規定，原則上，獸鋏是全面禁止使用，也不得製造和販賣。但是有心人士把鋼索買回去加工，變成致命的套鎖，而原本用來捕捉山羌山豬的套索被黑熊誤踩了，這個錯誤，讓台灣的山林變成黑熊的煉獄。

二十世紀中，黑熊的足跡曾經普遍存在台灣全島林地，後來台灣自然環境過度開發，人為活動過於頻繁，熊的棲地遭破壞，分布面積大幅縮減到原來的四分之一，並且集中在中央山脈一千到兩千公尺的中海拔原始森林，低海拔人口密集的區域，幾乎已經看不到熊了。

這幾年拍攝過的主題，從南極的企鵝到北極的北極熊，沒有一個物種，比台灣黑熊更難拍。是的，台灣黑熊，比北極熊還難拍！不但數量極少，又「神隱」在森林最深處，儘管我花了兩年的時間，跑烏石坑，玉里，卓溪……也曾跟著屏科大野生動物保育所副教授黃美秀老師爬大雪山，記錄黑熊捕捉繫放的研究工作，以及南安小熊從野訓到野放的照護過程，但我相信，我所拍攝的，所看到的，僅止是台灣黑熊生態的一小部分。

我真心相信，南安小熊是上天派來的信使。因著牠，表面熱門其實冷門的台灣黑熊保育議題，再度引起重視。小熊妹丫的意外出現，燃起國人長年冷漠的保育意識，也讓大家重新認識台灣唯一、極其珍貴的原生熊類。以往提到台灣黑熊，社會大眾最深的連結，多半是吉祥物，地方活動的吉祥物，特產推廣的吉祥物，運動會的吉祥物……但是這個台灣山林的王者，我們對牠的了解，又有多少？衷心期盼透過節目的記錄報導，能對台灣黑熊族群的存續，產生小小的貢獻，這也是我製作節目的初衷和理想。

阿里，小熊，黑皮，黑妞，這幾頭際遇讓全台灣心碎的斷掌黑熊，真的希望牠們是台灣山林最後一批的難民了。地球上任何物種，都不應該這樣被對待。

2 打開森林黑盒子的女人

有熊森林的黑盒子打開了，判讀出來的真相是醜陋殘酷的。黃美秀堅持說出她在台灣山林的最深處究竟看見了什麼，至少說了，還有挽回的機會。

跑新聞這些年，久仰「黑熊媽媽」的名號，但是過去跑社會跑政治跑國際，皆無緣採訪黑熊媽媽，直到投入自然節目的製作，我才有機會認識、了解這位被布農族稱為「熊」的女人。其實黃美秀老師的行蹤也像熊一樣神秘，因為她的研究地點，多半在連最剽悍的布農族獵人也不願意前往的荒山野地，像是玉山東側熊況最好的大分，從玉里的登山口徒步，最少需要三天。

二十多年前，纖瘦的黃美秀揹負重裝，在這條人跡罕至的原始熊徑，吃爛掉的野菜、過期的罐頭、發酵的米，睡遮雨布，衣服鞋襪永遠都是濕的，每一天都在挑戰身體能夠忍耐的極限。幾次被毒蜂螫到，痛得徹夜偷哭，也曾被落石擊中，差點摔落深谷，體力的透支都還能忍，最消磨意志的，是找不到熊。

「曾經有一度走火入魔，什麼都不管，就是要做研究，」黃美秀回憶，「在一些困難的環境，其實不是沒問過自己我來幹嘛，我來這邊幹嘛，這麼苦要幹嘛！你想捕捉黑熊研究，但是兩個月一直摃龜撲空，用無線電追蹤熊，熊都跑光光了，不知道跑去哪裡，就算兩隻腳都走斷了，你也不知道熊跑去哪裡。所以，在低潮挫折的時候，我會告訴自己，又沒有人逼我，是我自己想來的。既然做野外調查，本來就會有順遂和不順遂。這些挑戰只不過在試探你，是否夠格成為一個專業的野外研究調查者。」說起當年上山找熊的驚心動魄和死生瞬間，黃美秀已是雲淡風輕。

美秀老師真的是女超人，她所做的，需要超凡的體力和毅力，回想二〇一八年十月的大雪山經歷，即使我上山下海身經百戰，爬過南極雪山走過北極冰原，那段幾近苦刑的苦行，讓我差點投降。

半夜接獲大雪山森林樣區有黑熊啟動陷阱的消息，研究團隊一早從南北各地集結入山，瘋狂趕路，黃老師疾行的腳程，快到我幾乎跟不上。「心儀，樹根會滑，你慢慢走。」語畢，她像一陣風從視線消失，留下一個學生陪我在後面「慢慢走」。那真是搏命啊！連續幾天大雨，山區濕滑陡峭，步步難行。長長一段下切山路（根本算不上路），幾乎到達體能的極限，下去苦，爬上來更苦！

完成黑熊的捕捉繫放，已近晚上六點，濃霧籠罩的黑森林，暗到看不清前方的路。我戴著照明頭燈，手拉樹枝攀爬，腳踩泥濘，沿路跌跤好幾次……最後是連滾帶爬，靠意志力才爬回來，回家後發現兩條腿都是瘀青。但是美秀老師和研究團隊，他們卻是經年累月，在這樣的山路苦行（苦刑）啊！

• • •

Ali Dumad 是黃美秀的布農族名字，Dumad 就是熊。這個原住民稱為熊的女人，是台灣第一個入山研究台灣黑熊的野生動物生態學家。今天台灣黑熊的資料庫得以豐富完整，都要感謝她近乎偏執的堅持，以及異於常人的毅力。黃美秀透露，無法回頭的主要原因，是因為她無意間打開了森林的黑盒子，發現長年封鎖、不為人知的秘密。

「你發現山林裡面最重要的動物，最大型的動物，狀況竟然如此不堪！你是發現問題的人，發現問題還丟著不管，我沒有辦法說服自己。只好摸摸鼻子，硬著頭皮，看看能夠做多少算多少。」研究熊，為熊發聲，應是命中註定的，否則深山裡的台灣黑熊，怎會成為這個嘉南平原長大的農家女孩，終身的牽掛呢？

「會做這行，應該是小時候已經註冊好的。我從小專長就是爬樹，我喜歡一個人躲在樹上，偷看樹下我媽到處找我，大叫，阿秀回來吃飯喔！阿秀你在哪裡喔！然後我就在上面狂笑。」黃美秀形容童年的模樣，像野丫頭一樣。

只不過，在山裡漫長的日子，負了青春，也誤了姻緣，黃美秀無悔，更何況她已經向山神發了願。「有時候萌生去意，想過一點輕鬆的生活，回神後又想，我好像不能退出，因為承諾過山神。我除了沒有長熊皮之外，二十四小時，整個人整個思緒，都被熊占滿。儘管如此，我從來不認為熊是我的，從來沒有這樣的念頭。黑熊是屬於台灣這個島的。」忽然間，這個女鋼鐵人迅速別過頭去，抹掉滑落臉龐的淚水。或許憶起艱苦追熊的過往點滴，或許念起逝去的布農族搭檔大哥，我只知道，扛在她瘦弱肩頭的責任和壓力，太沉太深。

黃美秀從一九九八年開始入山研究台灣黑熊。二十多年前，她捕捉繫放的第一頭黑熊就是斷掌，沒想到二十多年後，將近半數的台灣黑熊還是斷掌。她的情緒從當年的憤怒，變成今日的絕望：「我覺得不可思議，都已經到了獵人不願意去的地方，到了中央山脈這麼偏遠的地方，這裡的熊依然斷掌。一個快滅絕的物種，還有一半的個體在山上，受到這種虐待和凌虐……所以我一直不敢說台灣黑熊的保育成功了，也從來不敢認為，黑熊保育往前邁了多大一步，因為我明顯看到，二十年前有斷掌，二十年之後還有斷掌，哪怕我們多努力，我依然不敢誇口說我們做很多了，因為那個指標性的窘境，依然存在。」

台灣黑熊是亞洲黑熊的七個亞種之一。一萬多年前，冰河時期結束，海平面上升，台灣與歐亞大陸從此隔了一道台灣海峽。亞洲黑熊就在台灣島上獨立進化繁衍，只是這個地球上獨一無二的台灣特有物種，胸前的V字已不再是勝利的記號，而是苦難的烙印。目前台灣黑熊的數量不超過五百頭，斷掌影響熊的求生能力和繁殖能力，將是滅絕的開始。

「熊會爬樹吃果實，牠需要爪子才有辦法把超過一百公斤的體重勾上樹。斷掌斷趾會造成爬樹的困難，甚至會掉下來。斷掌也會影響公熊追求母熊，好不容易追上母熊，結果手一伸出來，斷掌，母熊就掙扎跑掉了。」黃美秀進一步解釋，有的熊為了活命逃脫陷阱，會自殘咬斷趾頭，力氣大一點的，還會拖著套索獸鋏跑，只是時間久了，傷口腐爛，很可能感染引發敗血症，熊掌壞死，甚至死亡。「有些獵人通報時告訴我，到現場的時候，地上只剩兩三個趾頭。黑熊會把自己的趾頭咬掉，或者把整條筋、韌帶拉出來。我曾經看過那樣的樣本，非常非常可怕。」

有熊森林的黑盒子打開了，判讀出來的真相是醜陋殘酷的。黃美秀堅持說出她在台灣山林的最深處究竟看見了什麼，不管聽者信或不信，至少說了，還有挽回的機會。

台灣黑熊冬眠嗎？

世界八大種熊當中，北極熊、棕熊、美洲黑熊和亞洲黑熊均有冬眠能力。溫帶地區冬季寒冷，野外食物非常缺乏難以取得，乾脆睡覺休息降低體能消耗吧！但是，生長在熱帶地區的黑熊，冬天還是可以輕易覓食，通常不會冬眠，例如台灣黑熊。

3

消失中的淺山精靈石虎

公石虎的活動範圍大約在五平方公里，母石虎差不多兩平方公里，再者，石虎獨居也無巢，想親見「本人」，還是守株待「虎」，機會一樣渺茫。

台灣黑熊已經比北極熊還難拍，而石虎，更是難上加難。台灣的野生動物雖然難拍，但是如果現在不拍，以後會不會沒機會了？我們的下一代，還看得到黑熊和石虎嗎？專家預估，最快在二十年內，野生石虎恐將從台灣的土地消失。石虎是亞洲的小型貓科動物當中，分布最廣泛的物種，被國際自然保護聯盟列為「無危」。怎麼到了台灣，「無危」就變成「瀕危」呢？我們到底做了什麼，或者，我們到底什麼沒做？這是我想深入探討的。

早在一六八五年，石虎就以山貓的別名首次出現在台灣的歷史。直到一九四〇年，石虎還遍布台灣全島的低海拔山地，但現在只剩下四百到六百隻，直逼小型食肉目動物最小可存活族群數量，也就是滅絕的臨界點。這個台灣最後的原生貓科動物，居住在一千公尺以下的淺山地區，與人類的活動範圍高度重疊，是距離我們最近的一級保育類動物，田間會出現牠踩過的小腳印，路邊會藏著牠等待的小身影，高速公路上面的橋梁和下面涵洞，也有牠踮著腳、悄聲穿越的影像。

隨著人為大量開發，石虎的棲地已經縮減八成，其中百分之六十分布在苗栗，百分之三十在南投，百分之十在台中，而彰化、嘉義、新竹，這幾年也有零星出現虎蹤。明明很危險，為什麼靠馬路這麼近，靠人類這麼近呢？不為什麼，因為這裡本來就是牠們的家啊！是我們人類在人家家裡修了道路、鋪了水泥、蓋了房子，破壞切割石虎的棲地。當棲地破碎，覓食困難，石虎侵入雞舍的機率增加，損失慘重的雞農也採取激烈手段報復，包括放獸鋏、毒餌，甚至捕捉。根據專家估算，每年因為雞舍衝突而致命的石虎多達二十到五十隻，死亡威脅超過路殺，如何減緩人虎衝突刻不容緩。

• • •

拍攝石虎，應是我聯絡與採訪過最多單位、最多專家學者的專題報導了，包括特生中心研究員林育秀、林務局石虎保育專家余建勳、路殺社發起人林德恩、台灣石虎保育協會理事長陳美汀、屏科大野保所研究犬小病毒的陳貞志教授、屏科大野生動物收容中心、苗栗縣府自然生態保育科、高公局、科博館、民間保育人士「貓徑地圖王小明」、動物醫院、石虎米農、南投苗栗雞農、竹山富州社區、楓樹里巡守隊、吳金樹老師的山貓森林、苑裡的石虎獵人……。聯繫、受訪名單雖豐富齊全，執行起來卻繁瑣複雜，碰壁的拒絕的給軟釘子的……所以性子絕對不能急不能慌，電話一通一通的打，一通一通的轉，電郵一封一封的打，一封一封的轉，對象一個一個的找，一個一個的拜託再拜託，地方也一個一個跑，這些人事物，幾乎都是獨立的、單獨的點，我試圖把這些點，連成面。難度極高，工程極大，挫折極深，放棄的念頭，曾一閃而過（最後是在一根一根的巧克力棒中，釋放負面情緒）。

再說畫面的難度吧！被封為「石虎媽媽」的陳美汀博士打從一開始就醜話說前頭，要我別抱存任何幻想期待，她說自己研究石虎二十年，從沒有一次，在野外親見石虎「本人」，接觸到的石虎多半是死亡或者傷殘的。美汀老師說的一點都沒錯。這個警覺性高的夜行性動物，虎蹤難追，公石虎的活動範圍大約在五平方公里，相當於七百個足球場大，母石虎差不多兩平方公里，再者，石虎獨居也無巢，想親見「本人」，不管專業追蹤，還是守株待「虎」，機會一樣渺茫。

所以，從二〇一八到二〇一九年，拍攝一年多來，我與石虎最近的距離，是向屏科大收容中心申請一年才拍攝到的斷肢石虎「阿肥」，被獸鋏夾斷了前腳的阿肥，再也回不了家。半個小時的抽血健檢打疫苗，一支狂犬病，一支破傷風，外加結核菌測試，過程迅速確實，我和兩個攝影都很緊張，深怕錯過任何分秒、漏掉任何動作，全程屏氣凝神，攝影甚至沒有多餘的時間，把主持人我也拍進畫面。

拍阿肥為什麼要等一年？因為收容中心的石虎一年只健檢一次。去年申請沒過，今年得再申請一次。正當我深感無望，忽然一天傍晚接到電話：「製作人，明早你有空來一趟屏東嗎？阿肥臨時要排健檢。」「可以可以，有空有空！」我激動大喊，儘管手上有一百件事情也要衝啊！那一天搭最早班高鐵到高雄，再開車到屏東，半小時拍完之後，又開車回高雄，搭高鐵回台北……。南北奔波的心情，是如釋重負的開闊，如果錯失這次機會，石虎的畫面實在少到撐不起一整集的節目。

龐大的前製和後製作業，以及太多太多的資料資訊，寫稿的過程，我幾乎夜夜失眠。這個很容易因為誤解而造成對立的議題，下筆的用字遣詞，我字字斟酌句句謹慎，深怕激化觀眾的情緒，這絕非我的本意。我還參加石虎保育國際研討會，聽了幾場演講，匯集多方意見，最終我選擇詳實報導石虎面臨的各種問題，並告訴觀眾，台灣有多少人正在為石虎的生存而戰，希望電視機前的您也能一起加入保育行列。

• • •

二〇一九年八月《消失中的淺山精靈——石虎》節目播出後，許多觀眾留言詢問：「我可以為石虎保育做些什麼？」「我能加入石虎保育嗎？」廣大熱烈的迴響，讓我興起製作續集的想法，因為確實還有很多沒拍到，很多沒說完的啊！

第一集的石虎播出完畢以後，有幸累積一些「有良媒體」、「正派經營」的信譽，並獲得受訪者和受訪單位的信任，續集的約訪和拍攝順利許多。第二集《石虎的生與死》，走進石虎的真實世界，探討石虎生與死的距離。

這次的拍攝，同樣橫跨兩個年度（從二〇一九到二〇二〇年，台灣保育類動物的拍攝都是耐力戰）。我們記錄三隻失親的石虎寶寶，從照養、訓練到野放的成長歷程，並且追蹤獨眼的傷殘石虎，從野放到死亡的生死劫難，此外，也參與路殺石虎，解剖、檢驗寄生蟲的研究計畫，以及友善石虎的生態給付計畫，架設道路警示立牌等，希望讓觀眾對台灣唯一的原生貓科動物有更深的了解與更多的同理。

這段日子，集集特生中心的野生動物急救站，算算最少跑了十趟以上，跑到自己都不好意思（「怎麼她又來了?!」），急救站的獸醫師和保育員應該快被我騷擾到崩潰，一下子死皮賴臉狂叩問東問西，一下子狂發 Line 追殺，或者「愛對路」當跟屁蟲。

說起三隻石虎寶寶，初次相遇，隔著籠子，望著牠們靈動的汪汪大眼，天啊，怎麼有這麼可愛的東西！感覺心臟撲通撲通地跳，整個人被萌到有點失神。這三個小不點，有一對是兄妹檔。石虎兄妹和媽媽走失，在苗栗公館的水溝被發現。當時兄妹倆才兩週大，剛剛睜眼，視力模糊，體重比一瓶礦泉水還要輕，需要照養員像奶爸一樣二十四小時照顧。但是，就在奶爸焦頭爛額之際，又有一隻五週大落單的石虎寶寶，從苑裡鎮被送過來。

對於計畫野放的幼獸，照養員通常不會為牠們取名字，但是一次來了三隻，為了區別，照養員叫牠們哥哥，妹妹，表哥（牠和兄妹檔實際沒有血緣關係）。三隻小虎原則上和平共處，唯獨吃東西的時候，有六親不認的決絕。當特調「鼠泥」送進來，哥哥不讓妹妹，表哥最狠。一次健檢前，表哥把大家的食物都吃了，結果體重暴增一百克（對石虎來說，增加一百克算很多）。

從三百克養到三公斤，從餵奶到斷奶的食物訓練，從認識老鼠到彈跳獵捕的求生訓練，還要不停更換野訓場域，最後順利野放山林……這五個月，我記錄三兄妹的成長過程，看著牠們漸漸長大，看著牠們學習抓野鼠鴿子鵪鶉，看著牠們一次一次的體檢，看著牠們野放離去的背影……我能懂照養員的心情，那是多麼深切綿長的牽掛啊！

野放那天，石虎哥哥的裹足不前，更讓人懸念。運輸籠打開之後，石虎哥哥沒有如預期地像風一樣飛奔出去，牠蜷曲在籠內，一會兒瞇上眼睛裝睡，一會兒又彆扭地背過身去。是啊，外頭的世界怎不卻步？路殺犬殺毒殺獵殺，疾病的威脅，棲地的劣化，似乎沒有一處，或者一刻是安全的。但，總不能因為危險就不回家吧！四十分鐘過去了，天色漸暗，我跟著育秀，獸醫師、照養員，一行人躲在旁邊，蹲著等待，「再給牠一點時間。」育秀悄聲說。像是把好的壞的都想過一遍，哥哥克服恐懼疑慮，終於跨出步伐。

我在心中祈禱，再見了小傢伙，願你們平安健康，族群繁盛壯大，更願我們的下一代，還有機會與你們一起，在這片土地，共生共好。

4

心臟不夠強不能做保育

當保育人員，用心用情、掏心掏肺，把幼獸當幼兒照養，每一次的放手，都是情感的割捨，靈魂的拉扯。斷捨離，是必須，是祝福，更是學習。

雖然節目製作困難重重，但也正因著採訪，我有幸認識許多熱血又專業的保育人員。這些投入搶救台灣瀕危物種的生態人，其實也是需要被保育保護的「稀有物種」。例如特生中心的石虎專家林育秀。

林育秀是特有生物研究保育中心的研究員，也是非常專業與敬業的石虎專家，我私下都叫她石虎姊姊。台灣任何有關石虎的生與死、研究與計畫，一定都有育秀的參與；照養失親幼獸，也是她的日常。石虎，幾乎等於她生活的全部。

一次，我跟著育秀一起去架設自動相機，或許電話裡她講得太輕鬆，我誤以為裝相機的地點就在路邊，於是輕裝簡配出門，沒想到竟然翻山越嶺去了！好心的志工阿伯現場劈了竹子給我當登山杖，我一身突兀地手腳並用連滾帶爬攻頂，嬌小的育秀卻精神抖擻大氣不喘衝第一，「心儀，這裡就是標準的石虎通道！」她興奮地說，而我，還忙著吐氣調息。

接著我跟著陳美汀老師鑽進草比人高的山徑，尋找石虎的腳印。那個草叢，蚊子大軍和蜘蛛一直往身上鑽。美汀老師笑說，蚊子不叮我啦！我想，應該是老師長年在野外研究，蚊子對她都有感情了吧。台灣研究石虎第一人、被封為「石虎媽媽」的陳美汀，從二〇〇五年到二〇〇八年連續追蹤六隻石虎，讓她悲痛的是，六隻石虎全數死亡。原因包括獸鋏夾死、毒餌毒死、獵殺捕捉，還有疑似被人吃下肚的。我問美汀老師為什麼選擇研究石虎？她笑著回答：「因為我喜歡貓。」「可以研究其他貓科動物啊？」「台灣唯一的原生貓科動物只剩石虎，沒有雲豹了。」

研究的初心很單純，但是她漸漸發現，做動物研究始終脫離不了人。「從事石虎保育最困難的一點，是牠跟人的關係太密切，人的問題最難解決。」為了解決人的問題，家住台南的陳美汀決心搬到石虎最大的棲息地苗栗，入籍通霄楓樹里。楓樹里對美汀來說有很深的意義，因為她捕捉繫放的第一隻石虎「阿樹」，就是來自楓樹里。

由於台灣的淺山丘陵地區，多半屬於私有農地或林地，難以劃為保護區，要談石虎保育，必須從社區開始。陳美汀開始舉辦一場又一場的說明會，宣導石虎保育，並且告訴棲地住民，與石虎共生的重要性。許多阿公阿嬤，無法辨別石虎和家貓，因為石虎和家貓的體型長相太相似。美汀也不厭其煩地解釋，石虎有兩個特徵非常容易辨認，牠的眼窩內側有兩條延伸到額頭的白線，耳朵後方有兩塊明顯的白斑，基本上只要記住這兩個特點，就不會把石虎看成家貓，或者把家貓錯看成石虎。

除了說明會，陳美汀還主動報名社區的夜間巡守隊，希望更了解居民的想法，更融入居民的生活。「她已經來我們社區十幾年了，當初我們不認識她，總覺得她每天晚上都鬼鬼祟祟。」巡守隊同伴吐槽，聽到鬼鬼祟祟，陳美汀大笑地說：「我們二〇〇七年做無線電追蹤的時候，被他們巡守隊抓到，以為我們是小偷。」二〇一四年，陳美汀和林務局的生態保育專家余建動合作，說服楓樹里一群退休的老農民復耕荒廢多年的農地，無毒種植稻米，不灑農藥，不灑除草劑也不放鼠藥。很快地，田裡的生態活絡豐富了，石虎，食蟹獴都來報到，圈起一個善的循環。

同樣讓我感動感佩的，還有號稱全台最大「撿屍集團」的路殺社發起人林德恩。我多次跟著德恩，上山撿動物的屍體。他銳利的鷹眼，能夠遠遠掃到前方地面那團被壓扁到不成形的青蛙乾、壁虎乾、蝙蝠乾、老鼠乾……。任職特生中心的林德恩從二〇一一年開始調查動物路殺，他在社群媒體發起的「路殺社」，利用發現、拍照、上傳、建檔，幾個簡單的步驟，號召出台灣規模最大的公民科學參與活動，志工從初期的十二人，擴展到現在將近兩萬人，累積資料超過十萬筆。

他說，自己應該是全台灣撿過、收過最多動物屍體的人，就連半夜也會有熱心民眾送來動物的屍體。他辦公室的冰箱，冰的餅乾盒蛋糕盒，拆開來也都是動物的屍體。德恩希望，透過路殺動物的研究，抽絲剝繭，解開路殺背後的真相，進而找出更多面向的保育方式，「這樣牠們也不會白白犧牲了。」

• • •

「心儀，今天收到『獨眼』的死亡訊號。」

二〇二〇年一月農曆年前，育秀發給我這樣的訊息。這句話不帶任何情緒，我卻能體會她的心情。大過年的，育秀獨自循著死亡訊號，尋找獨眼的屍體，她爬了一個多小時的山路，才在一處荒廢林地的蓄水池發現獨眼的屍身。但是池太深，需要工具和人力，才能把獨眼撿上來，所以年假休完，我跟著育秀團隊，回到那口二・五公尺深的蓄水池，撿拾牠已經首尾分離的屍骨。「撿骨」的過程，育秀很平靜，她說，既然從事生態工作，只能去接受，去習慣這樣的事情。當天，池底除了獨眼的遺骸，還有六隻台灣獼猴的頭骨，育秀也一併撿回去研究。

「獨眼」是集集特有生物研究保育中心，救傷野放的第一隻傷殘石虎。獨眼在去年六月因為跑到雞舍偷吃雞，被主人送到特生中心的野生動物急救站，當時牠的右眼已經看不到了。失去一眼視力的獨眼，展現極強的求生意志，經過四個月的照養野訓，順利通過野放訓練的評估。野放的那個午後，陽光很好，獨眼衝出籠子，一溜煙跑進山林。當時的場景，至今都還暖暖地曬在心裡。沒想到，一個多月後，深山裡的廢棄蓄水池，傳出死亡訊號，獨眼摔落水池死亡，只剩一副枯骨。這麼拚命想活下去的生命啊！我記錄與目睹這樣的轉折，內心糾結。從事石虎保育，需要很大的耐心，還有很強的心臟。生與死的距離這麼短，該怎麼釋懷？我不知道，也還在學習。

我知道育秀很難過，雖然她什麼都沒說。

去年二〇一九年，育秀在南投共野放三隻石虎，其中有兩隻死亡，除了獨眼，還有一隻叫做「台十六」的公石虎（牠在台十六線集集路段被發現，故名台十六）。我曾在特生中心拍攝到台十六抓鴿子訓練的模樣。小傢伙拱著背，齜牙咧嘴，兇得很！我當時想，牠回到野外，肯定沒人敢欺負牠。可惜，台十六野放後的一個多月，卻疑似被流浪狗攻擊致死，在農地中央被發現，追蹤項圈的天線斷裂，沒能撐過二〇一九年。還記得收到台十六的死訊，是二〇二〇年的第一天，育秀同樣發訊息告知：「心儀，才新年剛過就要跟你說個壞消息，台十六死亡了。」

育秀淡定地說，或許，動物的死也在教我們一些事吧！就像獨眼，因著牠的死，帶領大家找到一個隱藏的、野生動物的死亡陷阱：蓄水池。針對這口廢棄的蓄水池，育秀和特生的夥伴們當場就地取材，製作簡易逃脫設施，放置長長的木頭，提供誤落的動物可以爬出的通道。如果能挽救其他生命，那麼獨眼也不至於白白犧牲了。一定得這麼想吧！否則，在重複的挫折當中，要如何整理心情，重新來過？而專注保育或救援的當下，不去估算成敗生死，應該也算是一種自我心理建設吧。

• • •

二〇二〇年四月到六月，兩個月間我來來回回台北台南，記錄一頭擱淺的小虎鯨，長達五十六天，動員二千人次志工的救援野放歷程。這頭擱淺卡在消波塊的小虎鯨送進鯨豚搶救站的時候，狀況真的很糟，醫療團隊已有最壞打算。小虎鯨呼吸道感染、肺部發炎、全身多處深度擦傷（有的深及骨膜）、營養不良、無法自行漂浮換氣，需要志工們二十四小時接力，輪流在水池中抱著牠保定，我也下池抱過牠，真的很沉！志工群來自全台各地，許多人在急救站睡沙發打地鋪吃泡麵餵蚊子，醫療團隊每天為小虎鯨治療、灌食，還拼裝了一台克難的氣化藥物治療機。小虎鯨也很努力，雖然台灣鯨豚擱淺救援後野放成功的機率大概只有百分之十，但是牠和救援團隊都沒有放棄。

終於，發炎感染指數降低，到了第三十五天可以完全自主漂浮與游動，復健成果也相當良好，經過評估，在第五十六天順利野放。當日清晨四點半，開始進行移池和吊掛作業。小虎鯨送往外海野放途中，一度下起大雨，抵達野放定點又雨過天晴，美好別離。這五十六天，在四草鹽田的一座白色大帳棚內，我看見成大的王建平和王浩文老師，帶領獸醫們、志工們拚盡全力，不管存活機率，讓小虎鯨有回家的機會。或許，投注這樣的人力成本，對應百分之十的成功率，以理性的觀點來看可能太過感性，但我相信，無論成功與否，救援的過程本身就富有意義。專家們透過救援，更了解這個海洋物種，志工們透過參與，對保育的連結更加緊密。

當保育人員，用心用情、掏心掏肺，把幼獸當幼兒照養，每一次的放手，都是情感的割捨，靈魂的拉扯。黑熊媽媽黃美秀老師照顧訓練失怙的小黑熊妹Y長達九個月，九個月來，最煎熬的，是野訓最後階段的「斷捨離」。斷捨離，是必須，是祝福，更是學習。臨別前，美秀老師寫下：「如今，我們把你交還給山神，回到祖靈的懷抱，盡情奔跑吧，台灣的寶貝……之後，你是你，我是我。」

生生死死，來來去去，起起落落，心臟不夠強不能做保育。

在野外遇到熊該怎麼辦？

根據台灣黑熊保育協會分析近兩百筆人熊相遇的案例發現，多數情況，台灣黑熊一旦發現人，大多會迴避，僅有極少數案例是在近距離接觸時，熊會站立、吼叫、追趕威嚇，主動攻擊更是罕見。萬一遇到熊，保育協會建議，除了保持冷靜，原地不動，試著用溫和的語氣對熊說話，表明自己沒有威脅性。但是一般人看到熊早已嚇破膽，原地不動更不可能，所以不妨緩緩後退，靜靜離開現場，不要背著熊猛跑。另外切記，爬樹也沒有用，因為熊爬得比你快比你高。所有的熊類，除了北極熊無樹可爬之外，其他的熊都是天生的爬樹高手。

後記

從一開始的被犀牛撞，到一路上的跌跌撞撞，寫作的過程，猶如梳理一遍情緒，欣喜的，感動的，震撼的，疲累的，孤單的，挫折的……重新再經歷一次。

坦白說，我起初有些排拒，所以當老長官陳浩副總鼓勵我寫書，我理性感性交戰好久，交出初稿時，余宜芳社長問我：「心儀，你可以多加一點『自己』進去嗎？」「余姊，這本書，主角是動物啊！」「還有你啊！是你要跟讀者互動，把讀者帶進你的世界。」聽到加入「自己」，我忽然驚懼起來，加入自己，代表不能躲在鍵盤後面，客觀地、安全地，把動物瀕危的處境，生態保育的知識敲打出來，而是要掀開一些五味雜陳，百轉千迴，甚至結痂好的碰撞傷口。

在余姊的提點和鼓勵之下，我終於把這本放進很多「自己」的書寫完了。謝謝浩哥和余姊沒有放棄我，讓我有機會回憶回想，這幾年來，我克服多少困難多少否定，獲得多少幫助多少奇蹟，並且認識多少熱血奉獻、世界各國的科學家，研究員，保育員，志工……我何其幸運！

《地球的孤兒》從二〇一六年製播以來，從第一年的「沒聽過這個節目」，漸漸地「我有看過這個節目」，到現在「我很喜歡這個節目」，觀眾的肯定和回饋，給予我們這個超迷你的團隊最強大的支持與動力；此外，越來越多的家長分享她們帶著孩子收看節目的心得：「保育的因子已在孩子們的心裡紮根」、「因為節目我們開始關懷大地和動物」……還有許多國小國中的老師，在課堂播放《地球的孤兒》給學生們看。當我知道，孩子們因著我們的節目，從小開始關注保育，了解生態，進而愛護環境守護動物，心裡澎拜激動！這些年的披星戴月艱苦孤獨，都化為美好。

地球正在發生的生態浩劫，物種滅絕，我們是最後一個可以改變、扭轉局面的世代。我們今日的所作所為，將決定地球千萬年後的未來。所以，我拍了《地球的孤兒》，寫了《我在動物孤兒院，看見愛》，期許自己能做更多更多。這是終身志業，是媒體責任，更是我能為下一代教育所做的，最大的努力。

有方之思 004

我在動物孤兒院，看見愛
————— 犀牛、樹懶、棕熊、亞洲象、台灣黑熊、石虎，愛的庇護所紀實

作者　白心儀｜**全書照片攝影**　白心儀、林奕勳、李孟唐｜**社長**　余宜芳｜**副線編輯**　李宜芬｜**封面暨內頁設計**　劉慧芬｜**出版者**　有方文化有限公司／23445 新北市永和區永和路 1 段 156 號 11 樓之 2　**電話**—(02)2366-0845　**傳真**—(02)2366-1623｜**總經銷**　時報文化出版企業股份有限公司／33343 桃園市龜山區萬壽路 2 段 351 號　**電話**—(02)2306-6842｜**印製**　中原造像股份有限公司——初版一刷 2020 年 12 月　初版五刷 2022 年 2 月｜**定價**　新台幣 320 元｜

ISBN：978-986-97921-9-6

我在動物孤兒院，看見愛：犀牛、樹懶、棕熊、亞洲象、台灣黑熊、石虎，愛的庇護所紀實 / 白心儀著 . -- 初版 . -- 新北市：有方文化，2020.12
面；　公分 . -- (有方之思；4)

ISBN 978-986-97921-9-6（平裝）

1. 野生動物保育

548.38　　109016785